Gaëtan Pirou

Professeur à la Faculté de droit de Bordeaux

Les doctrines économiques en France depuis 1870

Table des matières

Avant-propos

L'objet de ce petit livre est strictement délimité par son titre. Il est consacré à nit exposé de doctrines : c'est dire que les théories économiques restent en dehors de son domaine.

Non que l'étude de ces théories nous paraisse dépourvue d'intérêt ; on peut penser au contraire que la partie la plus solide de l'économie politique, la seule dont l'évolution comporte un progrès certain, est celle qui s'attache à la description et à l'explication du mécanisme économique. Sur ce terrain, les économistes et les sociologues français ont fait depuis un demi-siècle de très précieuses explorations. Mais leurs recherches ne pourraient être comprises que si on les insérait dans un traité général d'économie politique que nous ne nous proposons point ici. d'écrire, ni même d'esquisser. Laissant donc de côté les théories de pure science économique, nous nous occuperons uniquement des systèmes qui impliquent de la part de leurs auteurs un jugement de valeur, accompagné (quand ce jugement se formule en une condamnation totale ou partielle du monde économique actuel) d'un programme de reconstruction sociale.

Ces systèmes, nous les examinerons dans la forme qu'ils ont revêtue en France, depuis 1870. Une telle limitation dans le temps et dans l'espace peut sembler un peu arbitraire. Les années 1870-71 n'ont pas creusé un fossé infranchissable dans l'histoire des idées, non plus que clans celle des faits. Les frontières nationales ne sont pas davantage des barrières insurmontables, qui morcellent en tronçons séparés les divers aspects de la pensée d'une époque, surtout quand cette époque se caractérise comme la nôtre par la rapidité des moyens de transport et l'ampleur mondiale des échanges d'idées, des mouvements de marchandises, des déplacements d'hommes. Pourtant, le cadre que nous donnons à notre étude n'est point artificiel. Non seulement les années 1870-71 s'accompagnent, pour la France, d'un changement de régime politique et d'une modification de frontières territoriales, mais encore notre défaite a diminué la force d'expansion des doctrines françaises dans le monde et amené beaucoup de Français à réviser leurs opinions et leurs théories. D'autre part, si grande que soit aujourd'hui l'interpénétration des courants économiques et spirituels, la psychologie nationale de chaque peuple demeure une réalité vivante et profonde, qui domine les individus, qu'ils en aient ou non conscience. Quand il s'agit de la description et de l'explication de la réalité, il se peut que les points de vue et les préjugés nationaux soient parfois complètement effacés par la communauté d'une méthode rigoureusement scientifique. En ce sens, il est vrai de dire que la science n'a point de patrie et que le savant a le devoir d'oublier qu'il en a une, Mais dès que l'on passe de la science à la doctrine, de l'explication à l'appréciation, il est fatal que la réaction intellectuelle ou sentimentale de l'individu subisse l'empreinte du tempérament national, et qu'ainsi les doctrines les plus diverses d'un même pays présentent certains caractères communs. D'où il suit qu'envisagées dans les limites d'un pays et d'une époque, les doctrines se trouveront placées dans leur cadre naturel, que leur physionomie en ressortira plus nette et leur évolution mieux explicable.

Livre I

Les doctrines socialistes

Chapitre I

De la Commune à la guerre de 1914

I. La pénétration du marxisme en France [1].

1. De la Commune (1871) au Congrès ouvrier de Marseille (1879). - L'échec de la Commune et la répression sanglante qui y mit fin paralysèrent pendant près de dix ans le mouvement ouvrier et le socialisme en France. Ce n'est pas que la Commune ait été à proprement parler une insurrection socialiste. Ni dans ses causes, ni dans les mesures que prit le gouvernement des Fédérés, l'inspiration socialiste doctrinale n'a joué un grand rôle, et c'est par l'effet d'une légende que la Commune apparut plus tard comme « la première bataille rangée du capital et du travail ». Beaucoup de militants socialistes avaient pourtant participé au mouvement; un certain nombre y avaient laissé leur vie; d'autres furent déportés, d'autres enfin volontairement

---

[1] *Ed.* Laskine, *L'Internationale et le Pangermanisme, Floury,* 1916; Ch. Mauger, *Les débuts du socialisme marxiste en France.* Thèse *Droit, Paris, 1908; A. Zévaès, Histoire des Partis socialistes en France,* tomes II et III, Marcel Rivière, libraire-éditeur, 1911.

s'expatrièrent, en sorte que le mouvement socialiste se trouva décapité. En outre, au lendemain des horreurs et des tristesses accumulées de la défaite militaire et de la guerre civile, l'opinion publique aspirait avant tout à l'ordre et à la paix sociale. Ce n'étaient point là des conditions propices à la diffusion des idées révolutionnaires. Au reste, une loi de 1872 était venue interdire, sous des sanctions sévères, toute propagande en vue de changer l'organisation de la société et, jusqu'en 1876, l'état de siège subsista, rendant impossible toute réunion, toute publication de tendance socialiste. L'organisation ouvrière cependant ne disparut point, mais elle prit la forme de groupements syndicaux et coopératifs qui s'appliquaient à faire triompher un programme pratique très modéré et à réaliser la réconciliation des classes. En 1876, se tint à Paris, pour la première fois depuis la guerre, un grand congrès ouvrier. Les rapports lus devant l'assemblée et les motions adoptées par elle répudiaient expressément la grève et préconisaient comme remède à la misère ouvrière l'association et la coopération scientifiques. La presse modérée vit dans ces délibérations la preuve que la classe ouvrière était désormais assagie. Les révolutionnaires exilés à l'étranger accueillirent au contraire avec indignation les décisions du congrès, déclarant monstrueux que « dans la ville de la Révolution, cinq ans après la Commune, des hommes qui se disent représentants du prolétariat fassent amende honorable devant la bourgeoisie ».

Trois ans plus tard, en 1879, une telle évolution s'était produite dans les esprits, qu'au Congrès ouvrier de Marseille étaient adoptées des résolutions nettement socialistes et collectivistes, et que l'on décidait la création immédiate d'un « parti ouvrier » révolutionnaire. Ce changement brusque fut essentiellement l'œuvre d'un homme, Jules Guesde. Après avoir collaboré sous le second Empire à divers journaux d'opposition, Guesde avait fait campagne pour la Commune, avait été condamné à cinq ails de prison en 1871 et s'était réfugié à l'étranger. Ses rapports avec Marx et le marxisme furent d'abord dépourvus de cordialité. Il reprochait au conseil marxiste de Londres d'imposer au mouvement ouvrier une orthodoxie trop étroite et d'empêcher les ouvriers de s'organiser librement dans chaque pays, d'après leur esprit propre et leurs habitudes particulières. Mais bientôt un rapprochement se fit entre Guesde et Marx, dans des conditions mal connues sur lesquelles nous ne sommes renseignés que par une lettre énigmatique de Marx, où il est fait allusion aux « ficelles secrètes au moyen desquelles les leaders, de Guesde et Malon jusqu'à Clémenceau, ont été mis en mouvement ». Quoi qu'il en soit, dès son retour en France, en 1876, Jules

Guesde entreprend une propagande socialiste très active. Il est bientôt rejoint et aidé par Paul Lafargue, orateur révolutionnaire déjà célèbre sous le second Empire, qui avait fondé à Bordeaux, en 1870, une section de l' « Internationale » et était devenu le gendre de Karl Marx. Le 18 novembre 1877, paraissait le premier numéro du journal l'Égalité, fondé par Guesde. Sa carrière fut brève, puisqu'il n'en parut que 33 numéros. Mais l'influence de l'Égalité fut très profonde sur les militants ouvriers ; elle s'exerça dans un sens nettement collectiviste. La déclaration inaugurale donnait l'école collectiviste comme celle « à laquelle se rattachent aujourd'hui presque tous les esprits sérieux dit prolétariat des deux mondes ». La diffusion de la doctrine fut puissamment aidée par les poursuites que le gouvernement intenta, en 1878-79, à Guesde et à ses amis qui avaient voulu organiser un congrès ouvrier international. Condamné à six mois de prison, Guesde fit tirer en brochure et répandre à des milliers d'exemplaires le plaidoyer qu'il avait prononcé pour la défense collective des inculpés et, à sa sortie de prison, mena par toute la France une campagne de conférences, pour exposer et vulgariser sa doctrine. C'est cette doctrine qu'adoptèrent le Congrès de Marseille de 1879 et le « Parti ouvrier » qui se constitua l'année, suivante. Elle présente donc -un intérêt historique capital.

2. La doctrine de J. Guesde [2]. - Tout système de transformation sociale doit répondre à deux questions distinctes et complémentaires : 1. Quel est le but de la transformation proposée, et en quoi la société nouvelle différera-t-elle de la société présente ? 2. Quels moyens permettront le passage de l'une à l'autre ? À la première question, Jules Guesde répond par l'apologie de l'appropriation sociale des moyens de production ; il est *collectiviste*. À la deuxième question, il répond en préconisant la conquête du pouvoir politique par tous les moyens, même violents ; il est *révolutionnaire.*

Le collectivisme de Guesde s'appuie. sur des arguments tirés de l'évolution historique et économique des sociétés. L'appropriation privée, dit-il, eut son heure de légitimité et de nécessité. Elle constituait pour l'humanité le meilleur des régimes, celui qui incitait à la production maxima, lorsque le travail s'opérait à l'aide de petits instruments ou d'outils. Aujourd'hui, elle est devenue un anachronisme. Le développement du machinisme a engendré la technique du

---

[2] *Collectivisme et Dévolution.* Brochure, *1879; Le collectivisme.* Brochure, *1894.*

travail collectif. Cette nouvelle technique a rendu possible un accroissement extraordinaire et presque féerique de la production. Mais il y a contradiction entre la forme du travail devenue ainsi collective et la forme de la propriété demeurée individuelle. Et tous les désordres dont souffre la société actuelle ont leur origine dans cette contradiction, dans le fait que les moyens nouveaux de production sont appropriés individuellement par quelques capitalistes, que les prolétaires ont été exclus du bénéfice de la surabondance des richesses et n'ont trouvé « au bout de l'avoir humain si extraordinairement accru qu'un accroissement de misère, et une servitude sans précédent ».

Une telle contradiction ne saurait subsister indéfiniment. L'histoire nous enseigne que les classes qui ont cessé de remplir leur fonction sociale sont destinées à être promptement éliminées. Or les capitalistes aujourd'hui ne participent plus effectivement à la production et à l'échange. Ce ne sont pas les propriétaires des mines on des chemins de fer qui tirent la houille des entrailles de la terre ou font rouler les wagons sur les voies ferrées. La propriété des capitalistes ne vaut que par le travail des non-propriétaires qui la mettent en œuvre, et, reprenant la parabole de Saint-Simon en la portant du plan politique sur le plan économique, Jules Guesde déclare que si demain, « par suite d'un de ces cataclysmes que l'on peut indifféremment qualifier d'heureux ou de déplorable », les actionnaires des mines ou des chemins de fer disparaissaient jusqu'au dernier, la production n'en serait point diminuée.

L'avènement de la société collectiviste est aussi rendu nécessaire parla disparition de la classe moyenne. Des milliers d'hommes naguère indépendants sont chaque jour rejetés dans l'enfer du prolétariat, et comme ils ne pourront s'habituer à la servitude du salarié, ces hommes seront « le levain qui fatalement fera lever la pâte ouvrière ». Enfin, l'antinomie entre le mode collectif de production et le mode individuel d'appropriation fait que la société n'est pas en mesure de consommer toutes les richesses qu'elle produit, puisque, ne peuvent s'en porter acquéreurs ni les propriétaires rapidement saturés, ni les ouvriers dont la puissance d'achat est limitée au montant de leurs salaires. D'où les crises de surproduction qui bouleversent périodiquement le monde moderne et ne disparaîtront qu'avec la forme capitaliste de la propriété, à laquelle elles sont attachées « comme le choléra au delta du Gange ».

La transformation du régime de propriété apparaît ainsi comme inéluctable. Pourtant Guesde ne conseille point d'attendre qu'elle se fasse d'elle-même, par le seul jeu de l'évolution économique. Tout au contraire - et c'est même la partie la plus personnelle de sa doctrine - il proclame la nécessité et l'urgence d'une action politique en vue de la conquête du pouvoir.

L'expropriation politique de la classe capitaliste, dit Guesde, doit précéder son expropriation économique. C'est parce que la bourgeoisie a l'État dans sa main, parce qu'elle fait les lois et les applique, qu'elle a pu jusqu'ici conserver la propriété des moyens de production. Par suite, c'est seulement lorsqu'il se sera emparé de l'État que le prolétariat sera en mesure de reprendre et de restituer à la collectivité cette propriété. Cela ne veut pas dire que Guesde nie l'utilité, la nécessité même d'une préparation du prolétariat sur le plan économique. Il déclare expressément que les ouvriers doivent s'organiser en syndicats et en coopératives, sinon la révolution serait vouée à la stérilité. Mais cette préparation économique de la classe ouvrière ne saurait la dispenser de l'action politique : si elle ne constitue pas, à elle seule, la révolution, la conquête du pouvoir doit en être du moins le premier acte.

Comment Guesde se représente-t-il cette conquête du pouvoir politique ? Le programme minimum du « Parti ouvrier » dont Guesde fut, en 1880, un des principaux rédacteurs, mentionne, parmi les moyens dont dispose le prolétariat pour son action politique révolutionnaire, le suffrage universel « transformé ainsi, d'instrument de duperie qu'il a été jusqu'ici, en instrument d'émancipation ». Mais ce serait mal comprendre la pensée de Guesde que de croire qu'il s'hypnotisait sur le bulletin de vote. Guesde sans doute attachait un grand prix à l'action électorale ; il considérait la présence au Parlement d'un groupe socialiste, nombreux et agissant, comme une préparation très efficace de la révolution politique qu'il souhaitait, mais il n'espérait pas que l'avènement du collectivisme pût être l'œuvre d'une poussée électorale qui donnerait un beau jour la majorité au parti socialiste. Au contraire, Guesde a maintes fois déclaré qu'il serait chimérique d'escompter que la transformation sociale se ferait « pacifiquement, à coups de scrutin ». Et, là encore, c'est sur l'histoire que s'appuyait sa conviction. Il montrait que les grands changements sociaux du passé s'étaient toujours opérés révolutionnairement; que, même dans les démocraties modernes, le fusil avait dû parfois servir à réaliser des progrès que le bulletin de vote avait été impuissant à accomplir. Il ajoutait que la loi de l' « enfantement dans le déchirement » était vraie de l'organisme social comme de l'organisme individuel et qu'il n'y a pas de vie nouvelle sans effusion de sang. Et Sembat, dans son ouvrage posthume La victoire en déroute, raconte qu'un jour Guesde lui déclara que si le Midi était aussi organisé que le Nord, il n'attendrait pas le résultat d'élections favorables et entreprendrait immédiatement une action révolutionnaire. Seulement Guesde pensait que l'insurrection ne devait être déclenchée qu'à bon escient, après une préparation minutieuse, qui lui donnerait les plus sérieuses chances de succès ; il n'avait aucun goût pour les échauffourées stériles « qui feraient couler le sang ouvrier sans résultat ou an Seul profit de la bourgeoisie ».

Le guesdisme s'implanta solidement dans les régions industrielles du Centre et du Nord. Son emprise fut plus superficielle et plus précaire dans le reste de la France. Et bientôt, en réaction contre le guesdisme, apparurent des formes nouvelles de la pensée et de l'action socialiste. De 1881 à 1898 se déroule une série de luttes qui mettent aux prises guesdistes et possibilistes, puis allemanistes et possibilistes. Les blanquistes, les anarchistes, les socialistes indépendants jouent aussi leurs notes dans ce concert discordant. Nous ne nous arrêterons pas à l'histoire externe de ces luttes, qui est assez fastidieuse et que compliquèrent souvent des conflits de personnes. Nous ne les retiendrons que dans la mesure où elles se répercutèrent sur la doctrine socialiste pour en élargir les fondements et en assouplir les méthodes.

II. La révision des fondements
du socialisme

L'idée commune à tous les écrivains dont nous allons parler est que le socialisme ne se réalisera que si l'action des hommes vient appuyer et aider le cours des choses. Or, pour que les hommes jettent dans la balance le poids de leurs volontés, il faut les convaincre que le socialisme est supérieur au capitalisme. Cette démonstration, c'est tantôt à l'analyse économique, tantôt à la morale, tantôt à la raison que l'on va la demander. D'où trois nuances assez sensiblement distinctes et qu'il convient d'examiner successivement.

1. Les fondements économiques du socialisme. - La critique du capitalisme et l'apologie du socialisme sur le terrain économique furent présentées d'une manière très brillante par Ad. Landry dans une thèse pour le Doctorat ès Lettres, soutenue en 1901. Intitulée assez bizarrement L'utilité *sociale de la* propriété *individuelle,* cette thèse s'attache à montrer qu'il y a antinomie entre l'institution de la propriété privée et l'intérêt social. Pour l'établir, Ad. Landry se place tour à tour au point de vue de la production et de la consommation des richesses.

S'agit-il de la production ? L'auteur montre que celui qui la dirige, en régime, de propriété privée, ne se préoccupe que d'obtenir pour lui-même le plus grand profit net. Or il se peut que la combinaison qu'il adopte sous cette inspiration ne soit point la plus conforme à l'utilité sociale. C'est le conflit déjà signalé par Cournot, par Rodbertus, par Effertz, de la « productivité » et de la « rentabilité ». Landry l'étudie avec une grande subtilité d'analyse. D'abord, il y a de nombreux cas où le producteur a intérêt à réduire les quantités qu'il fabrique ou qu'il vend, de manière à déterminer, par la rareté des marchandises, une hausse des prix qui lui assurera un bénéfice total plus grand que celui qu'il aurait retiré, de la vente à bas prix de quantités plus considérables. De même le propriétaire, poussé par l'appât du plus grand profit, pourra être amené à donner à la production une orientation autre que celle que commanderait l'intérêt social ; c'est ce qui se produira lorsqu'un grand propriétaire agricole substituera sur ses terres l'élevage à la culture des céréales, réduisant ainsi au chômage une grande quantité de travailleurs qui peut-être trouveront à s'employer ailleurs, mais d'une manière qui pourra n'être point aussi avantageuse à la collectivité. Dans ces deux cas, la cause du mal, c'est que les producteurs ne s'inquiètent nullement des conséquences que leur entreprise peut avoir pour l'ensemble du corps social. Ils se préoccupent uniquement d'obtenir le produit le plus élevé possible. Dès lors, le remède à cet état de choses dommageable pour la société ne saurait être que l'abolition de la propriété, privée et l'attribution de cette propriété à la société elle-même qui, fixant désormais les quantités et la nature de la production, adoptera les solutions les plus conformes à l'intérêt social.

S'agit-il maintenant de la consommation ? Elle aussi est viciée par l'institution de la propriété privée. L'économie chrématistique actuelle mesure les besoins des hommes et leur ordre de satisfaction d'après le prix auquel ils consentent à payer les choses qui les satisferont. Mais ce prix lui-même sera fonction beaucoup moins de l'intensité du besoin que des moyens pécuniaires dont les individus disposent. Il s'ensuit que les riches sont servis avant les pauvres, les propriétaires avant les non-propriétaires, même quand leurs besoins sont beaucoup moins intenses. Et cette éviction des pauvres ne se fait pas seulement d'une manière directe et visible par le fait que, sur le marché, si les produits sont en quantité insuffisante pour satisfaire tous les consommateurs, les riches offriront le prix le plus haut et l'emporteront. C'est aussi d'une manière indirecte, moins apparente et beaucoup plus générale que les pauvres sont sacrifiés, par le fait que les producteurs, travaillant toujours en vue de la demande, dirigent tout naturellement leur activité productrice vers la satisfaction des besoins de luxe des classes fortunées, alors qu'autrement orientée, cette activité eût pu satisfaire les besoins plus impérieux d'une masse d'hommes plus nombreux. « Peut-être des gens n'ont pas assez à manger, dont la subsistance serait assurée si l'on employait à la produire une partie des parcs et des chasses que les riches possèdent. » En ce sens, il est vrai de dire, selon la formule proudhonienne, que la propriété est un vol. Mais ici il n'est pas aussi aisé que tout à l'heure de passer de la connaissance du mal à l'indication du remède. Si l'on renonçait à satisfaire les désirs des individus dans l'ordre des sacrifices pécuniaires qu'ils consentent, quel critérium pourrait-on adopter ? Les collectivistes purs répondent qu'en régime socialiste les choses continueront à avoir une valeur et un prix, qui s'établiront sur la base de la quantité de travail humain incorporée dans chaque chose. Les travailleurs recevront des bons leur donnant droit à une part de la production globale égale à leur apport, et ainsi la justice sera satisfaite. Landry ne se contente point de cette solution. Il remarque que si les prix dépendaient uniquement du temps de travail consacré à la fabrication de chaque chose, disparaîtrait le mécanisme d'adaptation de la production aux besoins, lequel repose sur les variations de la demande. Actuellement, quand la production ne couvre pas le besoin social, la concurrence des acheteurs éventuels entraîne une hausse des prix qui déclenche, par l'appât de profits exceptionnels, un accroissement de production. Et sans doute ce système n'est point parfait, puisqu'il modèle la production moins sur les besoins sociaux réels que sur l'expression monétaire de ces besoins, faussée par l'inégale répartition des richesses. Mais si l'on exclut l'action de la demande sur les prix, on sera obligé de confier à l'État le soin de décider quels biens seront produits et en quelles quantités, ce qui implique que l'État dressera la liste des besoins des individus et l'échelle de leur urgence de satisfaction, tâche assurément colossale et impossible à bien remplir. Landry va d'ailleurs plus loin : c'est le principe même du droit de l'ouvrier au produit intégral du travail qu'il rejette, en se fondant sur ce que les richesses tirent en réalité leur valeur, non du travail des producteurs, ruais du besoin des consommateurs. Qu'il s'agisse d'analyser ce qui se passe dans la société actuelle, ou d'imaginer ce qui se passerait en régime socialiste, Landry s'écarte ainsi très largement des vues marxistes et collectivistes traditionnelles. Il entend que, demain comme aujourd'hui, Futilité, le besoin, la demande règlent et commandent la fixation des valeurs et des prix. Seulement, pour mettre un terme, aux désordres économiques et aux iniquités sociales qu'il a constatés dans le régime, actuel, il souhaite que la distribution des richesses se rapproche autant que possible de l'égalité, afin que viennent au marché, non des riches et des pauvres, mais des individus de fortunes approximativement égales, dont les appréciations seront différentes en raison de la diversité de leurs désirs, non de leurs ressources.

Si brillamment qu'elle fût présentée, l'argumentation de Landry souleva des résistances qui émanèrent à la fois des économistes et des socialistes.

M. Bourguin [3] lui reprocha de s'être exagéré l'importance de l'opposition entre la productivité et la rentabilité en régime capitaliste, et d'avoir laissé dans l'ombre les chefs de supériorité qu'au point de vue économique la société capitaliste présente sur le régime socialiste.

Landry avait soutenu que l'appropriation privée nuit souvent à la capitalisation et entraîne une excessive consommation immédiate, une insuffisante, mise en réserve pour l'avenir. Bourguin n'eut pas de peine à montrer qu'au contraire le problème de la capitalisation est un de ceux que résout le plus élégamment l'économie capitaliste, et qu'un des dangers d'une économie socialiste serait la disparition de la prime à la mise en réserve d'une partie de leurs ressources, que donnent actuellement aux individus l'intérêt du capital et la propriété héréditaire. Au surplus, la démonstration tentée par Landry avait été menée d'une manière trop purement déductive et abstraite pour être pleinement décisive, et l'auteur reconnaissait lui-même que le parallèle qu'il avait établi ne portait que sur l'essence des deux régimes et laissait de côté les déperditions de richesses qu'il appelait non essentielles, telles que les fautes des gouvernants, dont il ne niait ni qu'elles fussent un

---

[3] *Revue de Métaphysique et de Morale*, supplément au numéro de juillet 1901 ; cf. le compte rendu de Charles Gide dans la *Revue d'Économie politique*, 1902, pp. 95-98.

élément important du débat, ni que peut-être, si on les prenait en considération, on serait amené à d'autres conclusions que celles qu'il avait développées.

Des réserves vinrent aussi du côté socialiste. Landry avait voulu montrer la supériorité du socialisme en se cantonnant sur le terrain strictement économique. On peut penser que c'était choisir mal ses positions, car c'était se placer là où les défenseurs de l'ordre existant aiment le mieux à combattre et se sentent le plus forts. Si l'on est décidé à adopter le régime social qui portera au maximum l'accroissement du stock des richesses et des capitaux, on aura de fortes raisons de pencher en faveur du capitalisme qui peut invoquer à son actif l'essor prodigieux de la civilisation matérielle depuis un siècle. Aussi Ch. Andler exprima-t-il un sentiment général en regrettant que l'auteur eût laissé complètement de côté les aspects esthétiques, moraux, intellectuels du socialisme, et n'eût pas montré que par le socialisme une porte était ouverte « sur tout un avenir de civilisation haute, de moralité et d'intellectualité supérieures ».

2. Les fondements éthiques du socialisme. - Que le socialisme fût une doctrine morale autant qu'une conception économique, c'est ce qu'affirma et développa copieusement Benoît Malon, qui tient une place assez importante dans l'histoire du mouvement socialiste français, parce qu'il fut, en 1885, le fondateur de la *Revue socialiste* et de la *Société d'Économie sociale* qui, dans sa pensée, devait être au socialisme ce que la Société *d'Économie politique* est à l'individualisme. Cette société n'eut qu'une existence éphémère. La *Revue socialiste,* au contraire, vécut jusqu'en 1914 et fut un centre actif de recherches doctrinales, conduites dans un esprit largement éclectique. Comme écrivain, Benoît Malon avait une fâcheuse tendance à la grandiloquence, que faisait excuser une indéniable sincérité. Son couvre principale, *Le socialisme intégral* [4], est surtout intéressante parce que, tout en marquant son admiration pour Marx et en donnant une adhésion à la notion de lutte de classe, Malon réintègre dans le socialisme les forces sentimentales et morales. « Il ne suffit pas, déclare-t-il, de faire appel aux intérêts économiques et aux haines de classe pour passionner le combattant et ennoblir la lutte. Le combattant socialiste a besoin de savoir qu'il travaille, souffre et lutte pour un complet renouveau du genre

---

4   Alcan, 1890.

humain. » Il ajoute que les « intégralistes », parmi lesquels il se range, se refusent à renfermer toute la vie sociale « dans la coquille du processus économique », et que le socialisme apporte au monde une morale nouvelle, supérieure aux morales religieuses de soumission et de renoncement.

Les *Dialogues socialistes* [5], couvre de jeunesse de Ed. Berth, qui deviendra par la suite un des principaux théoriciens du syndicalisme révolutionnaire, sont d'une tout autre qualité. Moins connus que ses écrits ultérieurs, les *Dialogues socialistes* sont peut-être ce que Ed. Berth a écrit de plus remarquable. On y trouve déjà la vigueur et la souplesse dialectique qui s'épanouiront dans ses autres livres, et elles ne sont pas encore gâtées par l'excès de virtuosité. Ed. Berth suppose une série de conversations et de discussions entre quatre jeunes hommes « d'esprit curieux, de conscience inquiète»: un philosophe, un poète, un néo-chrétien et le socialiste Ed. Darville, porte-parole des idées de l'auteur. Ed. Darville s'efforce de montrer à ses amis hésitants ou sceptique-, qu'ils doivent venir au socialisme, seule doctrine capable de fournir au monde moderne l'esthétique et la morale dont il a besoin. Le socialisme sera un progrès moral parce qu'il substituera au travail salarié le travail associé ;

____

5   Jacques, 1901.

tandis que dans la société capitaliste, le travail est une corvée dont chaque homme désire être affranchi le plus tôt possible, en régime socialiste il sera l'affirmation normale de la vie, « l'axe de santé et d'harmonie autour duquel elle gravitera... s'élevant d'un rythme paisible et puissant vers la vérité et la beauté ». Par là un renouveau artistique sera rendu possible. La vie sexuelle et familiale sera, elle aussi, rénovée par l'avènement du socialisme. Ce qui vicie aujourd'hui les relations entre les sexes, c'est le régime de la propriété capitaliste. En donnant à la femme l'indépendance économique, le socialisme lui évitera d'être jamais dans la nécessité de se vendre à l'homme, détruira la morale d'esclave qu'elle professe trop souvent actuellement et qui est l'expression de sa position sociale subalterne. Et Darville de conclure à l'éminente valeur moralisatrice du socialisme, puisqu'il réalisera l'émancipation des deux puissances les plus aptes à moraliser l'homme : le travail et l'amour.

Cette conception éthique du socialisme n'est-elle pas aux antipodes du marxisme et du matérialisme historique ? Ed. Berth le nie. À son avis, le matérialisme historique - qu'il eût mieux valu appeler réalisme ou déterminisme historique - n'implique nullement le matérialisme moral : Si Marx et Engels ont montré que les manifestations morales de l'histoire humaine ont une infra-structure économique, ils n'ont pas par là subordonné la morale à l'économie. « Dire qu'un fait dans l'ordre génétique en présuppose un autre, ce n'est nullement affirmer dans l'ordre moral la supériorité de l'un ou de l'autre. » Quant à l'interprétation courante du marxisme, qui donne le collectivisme comme devant sortir du capitalisme avec l'infaillibilité des lois naturelles, qu'elle soit vraie ou fausse, elle n'a, en tout cas, nullement l'effet qu'on lui prête souvent, d'endormir le prolétariat en le dispensant de l'effort personnel. Tout au contraire elle est de nature à susciter et entretenir cet effort, car c'est une loi psychologique, que les doctrines déterministes favorisent et stimulent l'action humaine mieux que les doctrines de libre-arbitre. L'homme « qui a tout à créer par un labeur sans cesse renouvelé que ne soutient ni ne multiplie l'effort universel », se sent impuissant d'avance et s'abandonne, tandis que celui « qui croit qu'avec lui collaborent de vastes puissances naturelles et sociales, et qu'avec son effort conspire tout l'univers », accélère son allure et précipite sa marche. Ainsi le marxisme, à condition qu'on l'interprète avec intelligence, loin de s'opposer au moralisme, l'appuie et le renforce.

En 1897, dans l'introduction de sa thèse sur *Les origines du socialisme d'État eu Allemagne,* Ch. Andler critiquait le terme de socialisme scientifique et déclarait qu'on n'est socialiste que par conviction philosophique et par sentiment, qu'un idéal ne peut se démontrer scientifiquement, qu'il « se propose à nous pour sa beauté » et qu'il demande « l'adhésion du cœur ». Ch. Andler développa et accentua ce point de vue dans la préface à la seconde édition de sa thèse (1910) et dans une conférence faite à l'École socialiste, le 3 juin 1910 [6]. Le socialisme lui apparaît comme un essai de reconstruction totale de la société avec des éléments moralement régénérés, reconstruction que la démocratie précède et prépare, mais qui est bien plus que la démocratie achevée. La démocratie, c'est la défense de l'individu, l'affirmation de sa valeur absolue, défense et affirmation qui ont une valeur critique et négative plus qu'une valeur constructive et sociale. Beaucoup de systèmes qui se prétendent socialistes sont en réalité simplement démocratiques. Es réclament pour l'individu le produit intégral de son travail; ils veulent réaliser la justice et donner à chacun son dû, soigneusement calculé. Le socialisme va plus loin et vise plus haut; il implique « la naissance en chacun de nous d'une vie plus riche qui se répand sur les autres » et par là, à l'opposé de la démocratie qui est dissolution, le socialisme est reconstruction et

____

6   *La civilisation socialiste*. Marcel Rivière, 1911.

apporte au monde une civilisation nouvelle. Le sentiment dominant de cette civilisation sera le consentement joyeux au travail. À l'heure actuelle, l'enthousiasme pour le travail existe dans une élite, celle des vrais artistes et des vrais savants qui produisent, non par intérêt et pour leur subsistance, mais pour embellir la vie de tous les hommes ou accroître la connaissance collective du monde. Le socialisme doit développer chez tous cette moralité désintéressée. Y parviendra-t-il ? Andler se garde de l'affirmer. Il n'est point certain, dit-il, que le socialisme se réalise un jour. En tout cas nous sommes aujourd'hui très loin de compte et la majorité des ouvriers ne sont que des « démocrates outranciers », qui s'intéressent à la révolution en raison de l'amélioration qu'ils en escomptent pour leur situation matérielle, sans cultiver en rien la moralité ascétique par quoi Andler caractérise le régime nouveau. Andler ne nous donne donc point le socialisme comme l'aboutissant fatal de l'évolution sociale en cours. « Rien n'est jamais nécessaire dans le monde ». Il se borne à dire que le peuple qui réaliserait le socialisme au sens où il l'entend serait « plus fort, plus libre, plus heureux que les autres peuples » et créerait le type « d'une humanité de qualité supérieure ».

3. Les fondements rationnels du socialisme. - Avec le socialisme rationnel de L. Deslinières et G. Renard, nous redescendons du ciel sur la terre, sans pourtant retomber dans le strict réalisme économique, Chez ces auteurs les préoccupations idéalistes, si elles revêtent une forme moins lyrique, n'en demeurent pas moins très fortes.

Deslinières, dans la préface de *L'Application du système collectiviste* [7], raconte que pendant longtemps il a combattu le collectivisme, puis qu'il s'y est rallié après avoir constaté que la société capitaliste comportait plus d'inconvénients que d'avantages, qu'elle entraînait une déperdition extrême des forces productives et une répartition des richesses très injuste. « Je suis venu, conclut-il, au collectivisme en suivant mon propre raisonnement et sans avoir subi l'influence de Karl Marx, ni de ses continuateurs, ni d'aucune autre école ». Et Deslinières écrit son livre pour convertir au collectivisme ceux qui hésitent à lui donner leur adhésion ; non pas seulement les ouvriers, mais les ingénieurs, les savants, les artistes et tous les hommes de cœur. De même Georges

---

[7]   Librairie de la Revue socialiste, 1899.

Renard [8], adressant une série de lettres à un jeune homme pour lui expliquer ce qu'est le socialisme, met à l'arrière-plan les raisons d'ordre économique et historique sur lesquelles il se fonde. Si le socialisme, dit-il, était contraire à la raison et à la justice, nous devrions lui refuser notre concours, même si l'on nous démontrait que l'évolution historique nous y mène. « Tu devrais le combattre, dit G. Renard au jeune homme qu'il enseigne, à moins d'être au nombre de ces consciences molles et dociles au caprice du vent, qui s'orientent vers tout ce qui réussit, et pour lesquelles une iniquité n'a jamais tort dès qu'elle est triomphante. »

Fondé sur la raison et non sur l'histoire, idéaliste et non matérialiste, le socialisme va s'épanouir en une philosophie laïque, démocratique et libérale.

Le socialisme est laïque en ce qu'il affirme la possibilité de réaliser la justice dans cette vie terrestre, la seule que nous connaissions de science certaine. Et comme Brunetière avait un jour déclaré que nous sommes tous socialistes, G. Renard s'éleva très vivement contre cette formule et affirma qu'un catholique n'avait pas le droit de se dire socialiste. Il

____

[8] *Paroles d'avenir*. Société Nouvelle de Librairie et d'Édition, 1904.

s'ensuivit entre Brunetière et G. Renard une longue polémique qui se déroula en mars-avril 1904 dans les colonnes de la *Petite République,* que G. Renard a reproduite dans son volume *Discussions sociales d'hier et de demain* [9], et qui, aujourd'hui encore, est intéressante à relire.

Le socialisme de G. Renard ne s'accroche donc à aucune métaphysique ; il vent être purement positif, naturel, humain ; mais cela n'implique point qu'il néglige et supprime l'idéal. G. Renard veut an contraire qu'à côté (le la science de ce (lui est, ou construise « la science de ce qui doit être, la science de l'idéal », et au fronton de cette science, il place l'idée de justice et d'égalité entre les hommes, principe de la démocratie politique qui doit s'achever logiquement en démocratie sociale. S'adressant à soit jeune homme et le soupçonnant d'admettre l'égalité civile et politique, mais de reculer devant l'égalité économique, G. Renard lui montre qu'il y a là une véritable inconséquence, et que l'égalité civile et politique, même lorsqu'elle est inscrite dans les codes et les constitution-, n'est pas réelle tant que subsiste l'inégalité, économique.

---

9   Librairie scientifique et philosophique, s. d.

Cependant l'égalité, souhaitable puisqu'elle est conforme à la justice, ne saurait être poursuivie aux dépens de la liberté individuelle. Si le socialisme, comme le prétendent souvent ses adversaires, devait enlever aux hommes leur liberté, « ce serait tant pis pour le socialisme, il faudrait résolument le condamner et l'abandonner ». Le socialisme auquel vont les préférences de G. Renard, et dont il se fait l'apôtre, veut être un système d'organisation sociale résolument libéral. Pour le, montrer, G. Renard rappelle d'abord que dans le régime économique actuel, un grand nombre d'individus ne jouissent que d'une liberté formelle; puis il explique qu'en régime socialiste la concurrence subsisterait, qu'elle serait même généralisée par la nécessité où se trouveraient tous les individus de gagner leur vie en raison de la disparition des revenus sans travail, en même temps qu'elle serait rendue correcte par l'égalisation, au point de départ, de toutes les chances individuelles. Et il ajoute qu'une fois accompli le travail qu'il doit à la société, chacun serait absolument libre d'employer à sa guise le temps qui lui resterait, de choisir parmi ses désirs ceux qu'il préférerait satisfaire, sous cette seule restriction qu'il ne pourrait tirer de ses ressources le moyen d'exploiter son voisin et d'attenter à sa, liberté. puisqu'aurait disparu l'appropriation privée, (les moyens de production, qui permet aujourd'hui cette exploitation. Les socialistes donc travaillent à remplacer la pseudo-liberté par la liberté réelle. « Ils ont, en ce faisant, cent fois plus amis de la liberté que le plus libéral des soi-disant libéraux. »

Le marxisme orthodoxe s'abstenait soigneusement de décrire ce que serait la société de l'avenir; il se bornait à affirmer qu'elle reposerait sur le principe collectiviste. Tout plan de cité future lui semblait dépourvu à la fois de sens et d'intérêt : de sens, car nul ne peut prévoir ce qui sortira de l'évolution économique et de ses répercussions sociales ; d'intérêt, car quelle utilité y a-t-il à faire miroiter aux yeux des hommes les séductions du régime socialiste, puisque ce n'est pas à l'action concertée de leurs volontés éprises d'une société plus rationnelle, mais à l'effet des transformations techniques de la production que le socialisme devra son avènement ?

Le socialisme rationnel se devait, au contraire, sinon (le décrire dans tous ses détails, du moins d'esquisser le mécanisme et le fonctionnement de la cité, socialiste, afin d'inciter par cette, description les hommes à en hâter la venue. « Comment pourrait-on, disait justement Jaurès, dans la préface d'un des livres où fut faite cette tentative, travailler avec une passion révolutionnaire à l'avènement d'un ordre nouveau, si l'on n'en pouvait dessiner, au moins pour soi-même, les traits essentiels ? » De fait, L. Deslinières, dans son *Application du système collectiviste*, consacrait de longs développements à indiquer comment seraient organisés en régime collectiviste la production et les échanges et, quelques années plus tard, poussant plus loin encore les précisions, donnait en plusieurs petits volumes un *Projet de code socialiste* [10]. Mais l'œuvre capitale à cet égard est le livre de G. Renard, *Le régime socialiste* [11]. L'auteur y recherche en particulier comment se détermineraient sous ce régime le prix des marchandises et le taux des salaires, et propose des solutions plus nuancées que celles du collectivisme intégral, et qui ont valu à son système le qualificatif de « collectivisme altéré».

Pour ce qui est des marchandises, G. Renard les classe en deux catégories. Celles qui peuvent être aisément multipliées, et dont la production peut ainsi être mise en équilibre avec la consommation, auront une valeur et un prix mesurés par le travail social que coûtera leur production. Celles qui sont limitées en quantité par la difficulté (le les produire ou l'impossibilité de les reproduire, telles que les pierres précieuses ou les vins de grands crus, pourront avoir une valeur supérieure à leur coût en travail

---

[10]   Giard, 1908.

[11]   Alcan, 5e édition, 1905.

social. Il conviendra de tenir compte en effet de l'élément de rareté qu'elles comportent On les mettra aux enchères et elles seront adjugées à ceux qui les auront cotées le plus haut. C'est dire que la loi de l'offre et de la demande gardera sur elles son empire.

En ce qui concerne les salaires, la règle générale sera celle de la rétribution d'après le temps de travail; mais elle comportera une grave exception. Si l'heure de travail était payée de manière uniforme, quelle que fût la nature du travail, aucun ouvrier ne consentirait à s'occuper aux travaux les plus pénibles. L'utilité sociale et aussi la justice demandent donc que l'heure de travail soit affectée d'un coefficient variant en proportion de la « pénibilité » du métier. Afin d'éviter tout arbitraire dans le calcul de ce coefficient, G. Renard indique un moyen qui agira à la façon d'un régulateur automatique. La, « pénibilité » inégale des différentes professions peut se mesurer, dit-il, par l'attrait inégal qu'elles exercent sur les membres de la société. Dès lors, il suffira de faire varier le taux de l'heure de travail d'après le nombre d'ouvriers qui se présentent pour accomplir chaque tâche, comparé avec le nombre qu'il en faudrait pour que le besoin social fût entièrement satisfait. Dans un métier donné, répugnant ou dangereux, les travailleurs s'offrent-ils en petit nombre ? On élèvera le coefficient attribué à chaque heure de manière à attirer, par l'appât d'un gain plus élevé que la normale, des équipes supplémentaires de travailleurs, jusqu'à ce que la production s'élève au niveau des besoins.

Le système de G. Renard est assurément ingénieux. Ce qui en fait surtout l'attrait, c'est qu'il s'attache à concilier l'essentiel du collectivisme avec le respect de la liberté individuelle. Par là, comme par la réintroduction de la raison et de l'idéal dans la notion du socialisme, l'œuvre de G. Renard présente un intérêt très réel : elle donne au socialisme des fondements infiniment plus larges et plus conformes à la psychologie française que le collectivisme intégral ou le marxisme orthodoxe.

III. La révision des méthodes
du socialisme

1. La réaction contre les conclusions révolutionnaires du guesdisme. - Dès 1881, un an après la création du « Parti Ouvrier », les conclusions révolutionnaires du guesdisme étaient attaquées par un jeune médecin, P. Brousse, qui avait, comme J. Guesde, vécu à l'étranger après la Commune, s'était lié en Suisse avec Bakounine, puis était rentré en France à la faveur de l'amnistie. Au Congrès national ouvrier, qui se tint cette année-là à Reims, Brousse soutint que le programme guesdiste, dans sa forme intégrale, était trop intransigeant, trop absolu, pour qu'on pût espérer lui gagner les suffrages des masses ouvrières[12]. Le débat se poursuivit dans les mois suivants

Brousse définit son point de vue en ces termes :

« Nous préférons abandonner le "tout à la fois" pratiqué jusqu'ici et qui généralement aboutit au "rien du tout", fractionner le but idéal en plusieurs étapes successives, immédiatiser en quelque sorte quelques-unes de nos revendications pour les rendre enfin pos*sibles,* au lieu de nous fatiguer sur place à, marquer le pas ou, comme dans le conte de Barbe-Bleue, de rester penchés sur les tours de

12   S. Humbert, *Les possibilistes*. Librairie Marcel Rivière, 1911.

l'utopie et de ne jamais rien voir venir de concret et de palpable. »

Guesde répliqua qu'il n'y avait point place pour l'opportunisme dans les rangs du parti ouvrier et, en manière de raillerie, traita Brousse et ses amis de « possibilistes », nom qui leur resta. L'année suivante, la rupture était complète entre possibilistes et guesdistes.

Le possibilisme (dont les adeptes se recrutaient surtout à Paris et dans la région de la Loire, oh les classes moyennes et agricoles tiennent une place importante à côté du prolétariat industriel) évolua rapidement vers une doctrine de démocratie économique. En 1883, Brousse publiait une brochure, La *propriété collective et les services publics, où* il soutenait que le socialisme se réalisera par la transformation des grandes branches d'activité économique en services publics, transformation qui est dès maintenant réalisée ou en cours pour un certain nombre de services. Il suffira d'accélérer l'évolution en multipliant les régies directes pour que, sans secousses violentes, le socialisme se fasse. Guesde reprit point par point l'argumentation de Brousse en lui opposant que la condition des ouvriers n'est point sensiblement améliorée lorsqu'un monopole privé se change en monopole public, qu'elle est même en un sens empirée puisque les gouvernants refusent le droit de grève aux employés des services d'État ; il ajouta que plus l'État bourgeois développe ses attributions, plus il augmente sa puissance, et plus grand est le nombre des individus intéressés à sa conservation, et il conclut que la multiplication des services publics et des régies directes éloignait au lieu de les rapprocher les chances de libération véritable de la classe ouvrière. Les deux thèses étaient trop opposées pour qu'une conciliation fût possible. Et à partir de ce moment, deux courants existèrent au sein du mouvement socialiste français, représentés par deux groupes distincts et hostiles, l'un qui restait fidèle à la tactique révolutionnaire, l'autre qui inclinait aux méthodes réformistes,

2. La charte et la philosophie du socialisme réformiste. - Le conflit des deux méthodes s'accentua en 1896. À cette date, A. Millerand prononça, à l'issue d'un banquet tenu à St-Mandé et auquel assistaient des représentants de presque toutes les fractions du socialisme, le discours célèbre [13] qui devait être la charte du réformisme et dont un commentateur, A. Orry, a pu dire qu'il est « l'un des documents les plus importants... du socialisme français contemporain » [14]. Millerand maintenait le principe de la socialisation. « N'est pas socialiste quiconque n'accepte pas la substitution nécessaire et progressive de la propriété sociale à la propriété capitaliste. » Mais déjà cette formule contenait un mot qui rompait en visière, avec la méthode révolutionnaire : c'est une socialisation « progressive » que Millerand recommandait. Et il raillait ceux qui rêveraient « de transformer d'un coup de baguette magique le régime capitaliste » ou « d'édifier sur une table rase une société toute nouvelle ». Ce n'est qu'au fur et à mesure de leur maturité que le socialisme entend faire passer les diverses branches de production de la forme de la propriété individuelle à celle de la propriété sociale. Comme lui paraissant d'ores et déjà mûres à cet égard, Millerand citait les banques, les chemins de fer, les mines et les raffineries de sucre. C'était implicitement dire que les autres branches n'étaient point prêtes à subir la socialisation et que le régime de l'appropriation individuelle durerait pour elles quelque

---

[13] Reproduit dans A. Millerand, *Le socialisme réformiste*, Société nouvelle de librairie et d'édition, 1903; et dans *Deux discours de M. Al. Millerand*. Giard, 1923.

[14] A. Orry, *Les socialistes indépendants*. Librairie Marcel Rivière, 1911.

temps encore. Mais ce n'est pas seulement par cette limitation de l'objectif actuel du programme que se marquait la modération de Millerand, c'est aussi par les moyens d'action qu'il préconisait. Délibérément et sans restriction, il écartait le coup de force et la violence. « Nous ne nous adressons qu'au suffrage universel : c'est lui que nous avons l'ambition d'affranchir économiquement et politiquement. Nous ne réclamons que le droit de persuader. » Enfin, Millerand se refusait à faire litière de l'intérêt national. « À aucun moment, déclarait-il, nous n'oublierons qu'en même temps qu'internationalistes, nous sommes Français et patriotes. »

Le 23 juin 1899, Millerand acceptait un portefeuille dans le cabinet Waldeck- Rousseau. Cette accession d'un socialiste au pouvoir allait raviver le conflit entre révolutionnaires et réformistes. Au cours de la polémique qui s'ouvrit sur « le cas Millerand », et qui se prolongea même lorsque Millerand eut cessé d'être ministre, la thèse réformiste fut défendue d'une manière particulièrement remarquable dans un essai que publia la Revue socialiste, en 1900-1901. L'auteur, Joseph Sarraute, y donnait en quelque sorte la philosophie du réformisme.

Pour J. Sarraute, il y a deux socialismes, l'un et l'autre légitimes : le socialisme d'opposition et le socialisme de gouvernement. Tout parti d'opposition est, par définition, un parti d'abstraction, dont l'attention se porte exclusivement sur ce par quoi il s'oppose aux autres partis et au gouvernement. Le parti d'opposition prend donc fatalement une vue incomplète des choses. Il n'y a point à l'en blâmer. « Dans le cours de l'histoire, le progrès social ne s'accomplit que sous le coup de fouet des partis extrêmes, des partis d'abstraction et d'utopie. La claire connaissance des choses, la compréhension scientifique, la pure intelligence c'est l'immobilité et la mort... S'il y a du mouvement dans l'histoire, c'est que la volonté, le désir, la préférence dégagent de la réalité des tendances que l'on veut faire dominer, que l'on considère comme les seules dignes, c'est qu'on veut faire de ce fragment de la vie la vie tout entière, c'est que l'on est volontaire, abstracteur, utopiste. » Et, plus loin, J. Sarraute déclare que « c'est par la croyance enthousiaste et non par les formulations scientifiques que se réalise le progrès social ».

Seulement, lorsque les circonstances conduisent le parti au gouvernement, il doit nécessairement rectifier et nuancer sa doctrine. Tandis que le socialisme d'opposition reposait tout entier sur la lutte des classes, le socialisme de gouvernement doit tenir compte de la solidarité des classes, autre aspect de la réalité que jusqu'alors il avait négligé. Par là, il sera amené à comprendre que la société actuelle est déjà pénétrée de socialisme, et que le socialisme n'est présentement réalisable que d'une façon partielle : au terme de ces rectifications, il apparaîtra qu'il n'y a point un fossé entre le inonde d'aujourd'hui et le inonde de demain, que celui-ci sortira tout naturellement de celui-là, et qu'il suffira que l'évolution en cours se poursuive lentement et pacifiquement, comme elle a commencé. D'où cette formule : « Le socialisme ne sera pas, il devient. »

Mais on voit qu'il s'agit d'un socialisme très différent du collectivisme ordinaire. S'attaquant à une des idées centrales du guesdisme, J. Sarraute montrait qu'il n'est pas vrai (le dire qu'il y a dès aujourd'hui antagonisme entre le caractère social de la production et le caractère individuel de la propriété, ou (lu moins que cette opposition n'a point la portée qu'on lui attribue d'ordinaire. La production est devenue sociale en ce sens que, dans chaque atelier, dans chaque usine, le travail organisé sur la base de la division des tâches implique la solidarité des diverses opérations industrielles accomplies dans l'établissement. Mais ce caractère collectif et social n'existe qu'au point de vue technique, non au point de vue économique. Aujourd'hui comme hier, le mécanisme de l'adaptation des produits aux besoins repose sur la responsabilité et sur l'intérêt personnel et, en ce sens, la production est demeurée individualiste. Peut-être ne le sera-t-elle pas toujours ? Mais pour qu'elle devienne sociale au sens économique, pour que la propriété et la direction de la production puissent être confiées à la collectivité tout entière, il faudra qu'à la transformation technique s'ajoute une transformation intellectuelle et morale « que pour notre génération nous pouvons tranquillement qualifier de surhumaine ». Vouloir auparavant réaliser le collectivisme intégral et supprimer l'harmonie instinctive de la production et des besoins qui s'établit « grâce au merveilleux mécanisme de l'offre et de la demande et au libre jeu des intérêts qui le supportent », ce serait aller de gaîté de cœur à la désorganisation économique et à « une détente désastreuse des énergies de production ». Ici, J. Sarraute abandonne, semble-t-il, complètement la thèse collectiviste pour se ranger sous la bannière de l'individualisme. Pourtant il se sépare de l'économie libérale en ce qu'il voit avec faveur le mouvement qui s'accomplit sous nos yeux et par lequel l'État limite et restreint de plus en plus le libre capitalisme. Le régime économique auquel on aboutit ainsi lui paraît un compromis heureux entre le capitalisme et le socialisme, et qui n'est pas près de céder la place au collectivisme intégral.

En faisant la part si belle à l'individualisme, remarquons que J. Sarraute se plaçait dans la ligne du socialisme français qui s'est toujours soucié de, respecter la liberté et l'indépendance individuelles. L'aimée même où paraissait en volume l'étude de J. Sarraute [15], Eugène Fournière, dans son *Essai sur l'individualisme* [16], s'attachait à établir le caractère profondément individualiste du socialisme. Et, déjà antérieurement, G. Renard, dans son *Régime socialiste,* s'était préoccupé d'établir un dosage raisonnable de la liberté et de l'autorité et de montrer que si la propriété individuelle devait s'effacer devant la propriété collective, c'était pour mieux assurer la liberté de chacun et pour éviter que l'accumulation du capital prive entre les mains de quelques individus ne réduisît à néant la liberté des autres. Mais G. Renard comme E. Fournière entendaient respecter l'individualisme sans sacrifier-le collectivisme. J. Sarraute va beaucoup plus loin dans la défense de l'individu et le respect de l'intérêt personnel, puisqu'il n'aboutit à rien de moins qu'à renoncer pour l'avenir prochain à la socialisation du mécanisme économique.

---

[15] *Socialisme d'opposition, socialisme de gouvernement et lutte de classes.* Jacques, 1901.
[16] Félix Alcan, 1901.

3. Le développement du socialisme réformiste. - Durant les années 1900-1905, les multiples sectes socialistes, qui s'étaient opposées en des luttes stériles au cours des vingt dernières années du XIXe siècle, fusionnent et s'ordonnent en deux grandes tendances: le « Parti socialiste de France », qui demeure nettement révolutionnaire, le « Parti socialiste français » qui met l'accent sur un programme d'action positive et de transformations graduelles. En 1905, dans des conditions que nous indiquerons plus loin, l'unité socialiste se fait; mais quelques-uns des adeptes les plus connus de l'ancien courant réformiste et du Parti socialiste français refusent d'adhérer au Parti socialiste unifié, et constituent un groupe socialiste indépendant dont la doctrine sera résolument évolutionniste.

L'expression la meilleure de cette doctrine fut donnée dans *Le socialisme à l'œuvre. Ce qu'on, a fait. Ce qu'on peut faire* [17]. Certains des auteurs de cet ouvrage nous sont déjà familiers. L'instigateur en était G. Renard et un des principaux collaborateurs, Ad. Landry. Les autres étaient des

---

[17] Cornély, 1907.

universitaires connus par d'excellents travaux historiques, philosophiques et économiques [18]. Dès la préface, les auteurs indiquaient très nettement leur but. Ils ne se proposaient nullement de décrire ou de justifier le régime socialiste. Ils bornaient leur ambition à dresser « une sorte de répertoire des transitions possibles entre ce qui est et ce qui sera », et au cours d'une discussion dont le livre fut l'objet entre M. Bourguin et G. Renard, ce dernier insista sur ce que ses amis et lui n'avaient « ni voulu faire, ni fait » une description de la cité future, qu'ils avaient seulement tâché de faire voir que « derrière la façade lézardée de notre régime ploutocratique » se construit un édifice social nouveau, dont certaines parties sont déjà ébauchées et qu'il suffira de prolonger pour « satisfaire les démocrates qui veulent plus de liberté dans plus d'égalité. » L'esprit général de l'ouvrage était donc bien dans la note du socialisme progressif et modéré de Brousse, de Millerand, de Sarraute, auquel on allait essayer d'apporter plus de précision.

Dans l'ordre économique, ce sont surtout les modalités de la socialisation que l'on entreprit (le déterminer. Les auteurs du *Socialisme à l'œuvre* restaient collectivistes. Ils entendaient que la propriété des moyens de production devînt sociale,

---

[18] MM. Berthod, Fréville, Mantoux, Simiand.

et c'était là pour eux « l'article le plus important du programme socialiste ». Mais ils concevaient les conditions et les formes de cette socialisation d'une manière beaucoup moins radicale que les guesdistes.

Quant aux *conditions* de la réforme, ils posaient la règle de l'indemnisation des propriétaires expropriés, ajoutant que cette indemnité devrait égaler la valeur marchande des biens socialisés. Quant *aux formes* de la socialisation, ils faisaient une distinction, à laquelle ils attachaient une grande importance, entre la propriété et l'exploitation. La propriété, disaient- ils, doit revenir à l'État. Mais il n'est pas certain que l'État, propriétaire, doive assumer lui-même la gestion de l'entreprise.

Dans l'industrie, il y a un certain nombre de branches de production pour lesquelles l'exploitation d'État s'impose (le sucre, l'alcool, le pétrole, les assurances, les chemins de fer et les banques). Mais il conviendra de donner à ces exploitations publiques une très large autonomie, afin que la gestion des services ne soit pas troublée par l'intervention de la politique, ni gênée par les règles du droit administratif et de la législation financière. Et les hommes à qui sera confiée la direction de ces exploitations publiques devront, « quelque répugnance que notre égalitarisme y puisse trouver », être largement intéressés à la bonne marche de leurs services. Pour les autres branches de la production, on admettait que l'État pourrait avoir intérêt à en confier l'exploitation, soit aux collectivités publiques locales (pharmacies, bains, lavoirs, minoteries, boucheries, boulangeries, logement), soit à des groupements ou à des individualités privées, en se bornant à imposer à l'exploitant certaines règles de gestion et en se réservant une part du produit [19].

Quant à l'agriculture, la distinction entre la propriété et l'exploitation allait permettre de résoudre un très grave problème auquel jusqu'ici le socialisme s'était buté. Convient-il d'étendre au monde rural le principe de la socialisation ? Les collectivistes extrêmes n'hésitaient pas à le demander. Lorsque, deux ans après la parution du Socialisme à l'œuvre, en 1909, la question fut discutée au congrès du parti socialiste unifié de St-Étienne, Vaillant déclara qu'il n'y avait « qu'une idée et qu'un programme socialiste », valables pour l'agriculture comme pour l'industrie. « La propriété individuelle agraire, soutenait Vaillant, doit inévitablement disparaître, petite comme

---

[19] Des idées analogues furent développées par le petit groupe d'intellectuels qui publia, sous le nom de « Cahiers Socialistes » une série de brochures intéressantes, consacrées principalement au socialisme municipal. Cf. en particulier Henri Lévy-Bruhl et A. PRUDHOMME, *L'organisation économique de la commune*, 1909.

grande. Elle est un obstacle au développement des forces productives et à l'évolution économique. » Mais la plupart des socialistes se rendaient compte de ce qu'avait de maladroit une proclamation de ce genre. Ils savaient que les petits paysans propriétaires, très nombreux en France, sont extrêmement attachés à leurs propriétés et ils ne se souciaient pas de s'attirer leur inimitié, Au surplus, ils faisaient remarquer, et Guesde développa souvent cet argument, que là où la propriété et le travail sont réunis dans la même main, on ne peut plus invoquer le raisonnement par lequel le collectivisme justifie l'appropriation sociale, puisque ce raisonnement repose sur la constatation du divorce accompli dans la grande industrie entre la qualité de propriétaire et celle de travailleur. Pourtant il y avait bien quelque illogisme dans cette attitude, car le collectivisme, par ailleurs, proclame que la propriété sociale est techniquement supérieure à la propriété individuelle et permet, par un meilleur aménagement des forces productives, d'obtenir le maximum de rendement avec le minimum d'efforts. Aussi, au congrès de 1909, le rapporteur, Compère-Morel, prit-il une position intermédiaire entre la thèse de Vaillant et celle de J. Guesde, acceptant la survivance temporaire de la petite propriété paysanne, niais affirmant que la propriété collective demeurait l'idéal, et concluant finalement qu'il n'y avait d'autre solution que de préparer les petits propriétaires, par la pratique de l'action collective, à admettre un jour de leur plein gré Cette socialisation de la propriété que l'ou renonçait à leur imposer.

Les auteurs du Socialisme à l'œuvre posèrent le problème d'une autre manière, ce qui leur en rendit la solution plus aisée. En agriculture comme cri industrie, dirent-ils, la propriété doit être sociale, mais l'exploitation individuelle est admissible si elle apparaît plus avantageuse pour la société que l'exploitation collective. Et, s'appuyant sur les travaux de l'économiste allemand David, ils montrèrent que les conditions techniques de la production agricole, le moindre rôle joué par le machinisme, les difficultés de surveillance du personnel salarié, le travail acharné du petit paysan propriétaire faisaient qu'en règle générale, la petite exploitation obtenait un rendement supérieur à la grande ; il n'y avait donc point lieu d'enlever au petit paysan la gestion de son domaine. Sans doute, de ce domaine il ne serait plus juridiquement propriétaire, mais il n'y perdrait rien, car sa terre, constituée en bien de famille insaisissable et inaliénable, lui serait concédée sans autre restriction que l'obligation de payer à l'État un tribut annuel comparable à un impôt [20].

IV. Le retour à l'intransigeance: le syndicalisme révolutionnaire.

tdm

1. Les origines. - La réaction contre le socialisme réformiste vint des déceptions et des désillusions que causa l'avènement au pouvoir des hommes en qui le réformisme

---

[20] La doctrine dut socialisme juridique, qui eut aux environs des années 1903-1906 un vif succès de curiosité, peut être considérée aussi à certains égards comme une révision réformiste des méthodes du socialisme. Tel que le comprenait A. MATER, le socialisme juridique consistait à montrer que, sans révolution violente, par une simple interprétation du droit actuel, les revendications essentielles du socialisme pourraient recevoir satisfaction. Quant à E. Lévy, ses ingénieuses et suggestives analyses tendaient à mettre en relief les croyances que traduisent et expriment les règles de droit, à souligner que les transformations de ces croyances entraînent à leur suite l'évolution du droit, à montrer que *les* croyances, et donc *les* droits des travailleurs, sont destinés à triompher des croyances et des droits des capitalistes. Le droit actuel apparaissait ainsi comme déjà tout pénétré de socialisme et comme s'en imprégnant chaque jour davantage. Cf. les thèses de doctorat de Sarraz-Bournet (Grenoble, 1911) et de M. I. Barasch (Paris, 1923), où l'on trouvera la référence des principaux écrits d'E. *Lévy* et des commentaires qu'ils ont suscités.

s'incarnait. L'expérience montra que la présence d'un socialiste au gouvernement n'apportait que peu de changement à la condition des masses ouvrières, qu'un socialiste ministre n'était pas nécessairement un ministre socialiste, et que le milieu politique, par le goût qu'il donne des tractations et des compromis, est éminemment propre à dissoudre la pureté des doctrines et à amollir l'intransigeance des individus. D'où une aspiration très générale vers un retour à l'esprit révolutionnaire. Mais cette aspiration ne détermina point une renaissance du guesdisme; ou du moins le guesdisme rencontra sur le terrain révolutionnaire un adversaire redoutable : le syndicalisme.

Dans l'histoire du mouvement ouvrier entre 1870 et 1914, il faut distinguer trois phases [21]. De 1872 à 1879, c'est la période corporative. Le mouvement ouvrier se tient sur le terrain des revendications matérielles. Ne jouissant que d'un statut précaire, sous la forme d'une tolérance administrative toujours révocable, les groupements professionnels

---

[21] A. Zévaès, *Le Syndicalisme contemporain.* Albin Michel, s. d. ; P. Louis, *Histoire du mouvement syndical en France.* Alcan, 1907 ; L. De Seilhac, *Les Congrès ouvriers en France. Colin* et Gabalda ; Léon Blum *Les Congrès ouvriers et socialistes français.* Société nouvelle de librairie et d'édition, 1904 ; Martin Saint-Léon, *Histoire des Corporations de Métier,* Alcan, dernière édition, 1922 ; M. Leroy, *Syndicats et services publics,* Colin, 1909 ; *La coutume ouvrière,* 2 vol., Giard, 1913 *Mlle,* Kritzky, *L'évolution du syndicalisme en France, Giard, 1908 D.* HALÉVY, *Essais sur le mouvement ouvrier en France.* Société nouvelle de librairie et d'édition, 1901.

s'abstiennent autant que possible de mécontenter les pouvoirs publics. De 1879 à 1895, c'est la phase politique. Le guesdisme triomphe du corporatisme. L'action syndicale devient un prolongement et une annexe de l'action socialiste. L'esprit d'opposition au capitalisme et au gouvernement est si fort que, lorsque la loi du 21 mars 1884 vient donner au syndicat une réglementation juridique cependant très libérale, la majorité des groupements professionnels repousse ce présent et refuse d'observer les prescriptions légales.

À partir de 1895 commence une troisième et dernière période, la plus intéressante pour nous, la période syndicaliste, durant laquelle s'élaborent une doctrine et une tactique qui seront révolutionnaires, mais se distingueront de plus en plus du socialisme politique et s'opposeront à lui. C'est sur la question de la grève générale que la scission se fit. Les guesdistes se montrèrent hostiles à la grève générale. Ils la considéraient comme une chimère et pensaient que, faut que le pouvoir politique serait aux mains de la bourgeoisie, il n'y aurait pas de révolution sociale possible. L'objectif essentiel de la lutte devait donc rester la conquête des pouvoirs publics. Les guesdistes consentaient à associer à cette conquête les groupements professionnels, mais à condition que leur action fût conjuguée étroitement avec celle du parti socialiste, et il était manifeste qu'ils concevaient cette conjugaison sous la forme d'une subordination du syndicat au parti. L'idée de grève générale cependant triompha au congrès de Marseille (1892). Si les guesdistes la repoussaient, elle était vue avec faveur par deux sectes socialistes, dont nous n'avons pas eu encore l'occasion de parler : les allemanistes et les blanquistes. Les allemanistes étaient une branche dissidente du groupe possibiliste. Allemane [22] s'était séparé de Brousse en 1890. Ancien communard, condamné par un conseil de guerre aux travaux forcés à perpétuité, rentré en France en 1880, Allemane était de son métier ouvrier typographe, et dans sa querelle avec le Docteur pour une part l'antagonisme du manuel et de l'intellectuel. Une fois constitués en groupe distinct, les allemanistes en 1892 dressèrent un programme d'action qui donnait une place très large à l'action syndicale ouvrière, et qui admettait expressément la grève générale. Quant aux blanquistes [23], ainsi nommés parce que disciples du conspirateur Ad. Blanqui [24], mort en 1881, ils s'affirmaient très nettement révolutionnaires, estimaient qu'il convenait de « renverser par la force une société qui ne se maintient que par la force », et prévoyaient qu'au

---

[22] M. CERNAY, *Les Allemanistes. Marcel Rivières, 1912; J.* ALLEMANE, *Mémoires d'un communard.* Librairie socialiste *J.* Allemane, s. d.

[23] *Da Costa, Les blanquistes.* Marcel Rivière, *1912.*

[24] *Cf. A. Zévaès, A. Blanqui, socialiste et patriote français. Marcel Rivière, 1920.*

lendemain de la Révolution, la dictature du prolétariat devrait être établie et maintenue jusqu'à ce que le régime nouveau fût définitivement consolidé. Mais ils se distinguaient des guesdistes en ce qu'ils invoquaient plus volontiers la tradition révolutionnaire française, de Babeuf à Blanqui, que la pensée marxiste, concevaient l'action politique et l'action syndicale comme absolument séparées, et conseillaient aux syndicats de n'adhérer à aucun parti politique. Sans attacher à la grève générale une importance primordiale, ils n'y étaient pas opposés, et au congrès de Marseille ils unirent leurs voix aux allemanistes en sa faveur.

Pour achever de faire le tour des éléments qui, préexistant au syndicalisme révolutionnaire, lui ouvrirent la voie, il nous faut mentionner l'action des anarchistes [25]. Ceux-ci ne formaient pas à proprement parler un parti. Ils avaient rompu avec les socialistes en 1879, au congrès de Marseille, et vivaient isolés ou en petits groupes à Paris, Marseille et dans la région lyonnaise. En 1882, en 1886, et surtout en 1892-94, les anarchistes se signalèrent à l'attention publique par une série d'attentats. À l'occasion du pillage de l'hôtel de Mme Madeleine Lemaire, en octobre

---

[25] Parmi *les* écrits anarchistes de la période 1870-1914, il faut citer surtout ceux de J. Grave, *La société mourante et l'anarchie*, Stock, 1893; *La société future*, Stock, 1895; *L'individu et la société*, Stock, 1897 ; d'A. Naquet *et A.* Lorulot, *Socialisme, anarchisme et révolution, Société nouvelle* 1911 ; de Ch. Malato, *Philosophie de l'anarchie*, Stock, 3e éd., 1897.

1886, par un nommé Duval qui revendiquait la qualité d'anarchiste, le fossé se creusa entre anarchistes et collectivistes, Jules Guesde ayant très fortement montré que la reprise individuelle n'est pas une solution du problème social, et que ceux qui prétendaient tirer du socialisme la légitimation du vol interprétaient à contre-sens la doctrine collectiviste. Les attentats de 1892-94 eurent comme conséquence le vote, en 1894, des lois « scélérates » qui rendirent à peu près impossible l'action anarchiste sous la forme de la propagande par le fait. C'est alors qu'un certain nombre d'anarchistes pénétrèrent dans les syndicats, avec la volonté d'y apporter l'esprit libertaire, au moins sous une de, ses formes : la critique de l'autoritarisme et de la politique. Ces anarchistes syndicalistes, au contact des réalités ouvrières, atténuèrent peu à peu ce que leur doctrine avait de trop absolu, et comprirent qu'un minimum d'organisation et de discipline était la condition nécessaire d'une action efficace. Mais ils contribuèrent à donner au syndicalisme révolutionnaire cette horreur du centralisme et du socialisme politique qui fut un de ses traits caractéristiques.

En 1895, la Confédération Générale du Travail (C.G.T.) était créée. Ses fondateurs, blanquistes, allemanistes, anarchistes et modérés, étaient d'accord pour répudier le guesdisme et faire confiance, pour la conquête du pouvoir, aux moyens économiques plutôt qu'aux moyens politiques. En cette même année (1895), Fernand Pelloutier devenait secrétaire de la Fédération des Bourses du Travail. Militant très ardent, violemment anti-parlementaire, Pelloutier conçut les bourses comme des centres de propagande et d'agitation révolutionnaires en même temps que de mutualité et d'enseignement. Sous son influence, le nombre des bourses doubla. Enfin, en 1902, était décidée la réunion, en un faisceau unique, de toutes les forces ouvrières, et la Fédération des Bourses s'intégrait dans la C.G.T. À partir de ce moment, la C.G.T. se présenta sous l'aspect d'un édifice à trois étages : au bas, les syndicats; au-dessus d'eux, les Fédérations qui groupent pour toute la France les syndicats d'une même spécialité professionnelle, et les Bourses qui groupent pour une localité donnée les syndicats de toutes spécialités ; au sommet, le Comité confédéral, formé de délégués des deux sections (section des fédérations et section des bourses).

2. La doctrine des militants. - Si l'on veut présenter avec leur physionomie exacte les doctrines du syndicalisme français d'avant-guerre, il est nécessaire d'examiner séparément les idées des militants et celles des théoriciens. Et il faut ne pas perdre de vue que parmi les militants eux-mêmes il y eut assez vite, comme au sein du socialisme, deux courants, l'un révolutionnaire et l'autre réformiste.

Les militants du syndicalisme révolutionnaire [26] - un Griffuelhes qui, pendant plusieurs années, remplit les fonctions de Secrétaire général de la C.G.T., un Merrheim, Secrétaire de la Fédération des métaux, un E. Pataud, un E. Pouget, un G. Yvetot - ont de la société future une vision qui est plus proche de l'anarchisme que du collectivisme. Si l'on se reporte à une enquête faite en 1902 par la C.G.T. et publiée dans la *Voix du peuple,* on voit que les militants conçoivent la production et la répartition en régime socialiste sous la forme très simple du travail libre et de la consommation libre, suivant les goûts et les besoins. De même, Pataud et Pouget, dans *Continent nous ferons la révolution* (1909), déclarent que, dans la société de l'avenir, la formation des équipes de travail se fera par libre entente entre les camarades et par recrutement mutuel, et que la répartition des tâches aura lieu par accord entre les diverses équipes. Pour la consommation des objets qui

---

[26] F. Challaye, *Syndicalisme révolutionnaire et Syndicalisme réformiste*, Alcan, 1908.

correspondent aux besoins ordinaires et essentiels de la vie (alimentation, habillement) fonctionnera le principe de liberté absolue; sur présentation de sa carte de syndiqué, chaque individu pourra puiser librement dans les magasins et dépôts. Pour les objets correspondant aux besoins de luxe subsisteront les catégories de la vente et du prix. Ce prix sera fixé en partie d'après le temps de travail, en partie d'après « la plus ou moins grande rareté ou la plus ou moins grande demande ». On reconnaît dans tout ceci l'influence libertaire. Pataud et Pouget d'ailleurs ne cachent pas qu'ils croient vraie l'idée maîtresse de l'anarchisme optimiste, à savoir qu'en modifiant le milieu social, on modifiera par là même la psychologie humaine.

Quand il s'agit de choisir les moyens de lutte contre la société capitaliste, la doctrine des militants révolutionnaires s'avère plus originale. Tout d'abord - et c'est ici le seul point peut-être où révolutionnaires et modérés du syndicalisme vont se trouver d'accord -, on affirme la nécessité pour l'action syndicale d'une autonomie et d'une indépendance complètes. La position des syndicalistes à cet égard fut marquée dans un document capital : l'ordre du jour voté en 1906 au congrès de la C.G.T., connu sous le nom de « Charte d'Amiens ». Cette charte s'analyse en deux propositions. En ce qui concerne les individus, liberté entière est laissée au syndiqué d'adhérer du parti politique qui a ses préférences, mais sous la réserve expresse qu'il n'introduira pas dans le syndicat les opinions qu'il professe au dehors. En ce qui concerne les groupements syndicaux, ils n'ont pas à se préoccuper des questions et des luttes des partis politiques ; leur action doit s'exercer directement contre le patronat sur le plan économique.

De quelles armes fera-t-on usage pour cette « action directe » ? Le syndicalisme révolutionnaire en recommande surtout trois: la grève, le boycottage, le sabotage. La grève, partielle d'abord, générale quand les circonstances le permettront, est un entraînement, une gymnastique salutaire qui aguerrit le prolétariat en vue des luttes suprêmes. Le boycottage est le moyen d'obliger le patron à céder aux revendications ouvrières en invitant l'ouvrier à ne plus travailler chez lui et le consommateur à ne s'y plus fournir. Le sabotage frappe le patron « au cœur, c'est-à-dire au coffre-fort ». Il se traduit tantôt par un ralentissement (le la production, tantôt par de la malfaçon, tantôt par la destruction ou l'avarie de l'outillage. E. Pouget, qui a consacré toute une brochure au sabotage, voit en lui « un calmant précieux » qui suffit souvent à amener le patron à de meilleurs sentiments, et il cite l'exemple des ouvriers coiffeurs parisiens qui réussirent à obtenir la diminution de la durée d'ouverture des salons de coiffure en badigeonnant les devantures de ces salons à l'aide d'un produit, caustique qui détériorait la peinture. Grève, boycottage et sabotage seront organisés et dirigés par le syndicat, et pour que celui-ci ne se dérobe pas à sa mission révolutionnaire, il ne sera composé que de l'élite militante de la classe ouvrière, minorité active qui entraînera les masses à sa suite. Afin que le syndicat garde toute sa liberté de mouvement, on s'abstiendra de former une caisse syndicale qui donnerait au groupe une mentalité capitaliste et fournirait aux pouvoirs publics le moyen d'avoir barre sur lui.

Les théories des militants réformistes étaient singulièrement plus nuancées [27]. L. Niel, qui fut pendant quelque temps secrétaire général de la C.G.T., A. Kenfer, secrétaire de la Fédération du livre, Briat, Guérard, tout en se montrant favorables à la grève, qu'ils considèrent comme un droit imprescriptible pour les ouvriers, estiment que, dans l'intérêt même de la cause ouvrière, il faut éviter les grèves imprudentes ou trop fréquentes et qu'il y a pour les ouvriers obligation morale à s'abstenir de la grève, quand elle risque d'engendrer nue calamité publique dont les conséquences pèseraient sur la niasse de la population

---

[27] F. Challaye, ouvrage cité ; Carcanargues, *Sur le mouvement syndicaliste réformiste. Thèse Paris, 1912.*

innocente. S'ils acceptent le boycottage comme moyen de pression sur le patron, si quelques-tins admettent même le « sabotage immobilisateur », tous condamnent le sabotage destructeur, dont Keuter déclare qu'il manque « de moralité, de courage, de dignité ». Tandis que les révolutionnaires repoussent avec mépris la législation de protection ouvrière, les réformistes l'acceptent et la sollicitent ; ils consentent à envoyer des délégués au Conseil supérieur du travail. S'ils sont internationalistes, parce que les revendications ouvrières à notre époque sont à peu près identiques pour toutes les grandes nations, et qu'il y a avantage à en poursuivre la réalisation par une action internationale concertée, s'ils sont même anti-militaristes, en tant que l'armée est une force employée en temps de grève contre la classe ouvrière, ils refusent d'aller, comme les révolutionnaires, jusqu'à l'anti-patriotisme, soit qu'ils proclament qu'ils ont le sentiment de la patrie et jugent légitime la défense nationale, soit qu'ils écartent l'anti-patriotisme comme étant mie doctrine politique dont les syndicats n'ont pas à s'occuper.

Quelle était la force respective des deux courants révolutionnaire et réformiste dans la C.G.T. d'avant-guerre ? Les réformistes étaient nombreux et dominaient nettement dans quelques-unes des fédérations à gros effectifs, en particulier à la Fédération du livre. Mais, dans les congrès confédéraux, ils furent toujours mis en minorité. Cela tient au mode de votation qui était en usage dans ces congrès : chaque syndicat avait droit à une voix, quel que fût l'effectif ouvrier qu'il représentait. Les réformistes tentèrent bien à plusieurs reprises de faire abandonner cette règle qu'ils jugeaient irrationnelle, mais les révolutionnaires se refusèrent à leur donner satisfaction : ils faisaient remarquer que les syndicats les plus petits sont aussi les plus ardents et les plus résolus, et qu'il serait inadmissible que leurs voix fussent étouffées par celles des grandes fédérations modérées, et ils ajoutaient que ce ne, sont pas les individus, mais les professions qui doivent être représentées au congrès, et que ces professions sont des entités de valeur sociale égale.

3. Les théoriciens. - La vogue dont bénéficia pendant quelques années la doctrine du syndicalisme révolutionnaire vint pour une large part de ce qu'elle reçut, dans la 1re décade du *XXe* siècle, un revêtement théorique très brillant. Dans les colonnes du *Mouvement socialiste*, parut une série d'études, dues principalement à Georges Sorel,

Edouard Berth, Hubert Lagardelle, qui prétendirent extraire de la pratique syndicaliste une morale et une philosophie. À la vérité, il n'y eut jamais qu'une concordance partielle entre les thèses très subtiles de ces intellectuels nourris de, Proudhon et de Marx, de Nietzsche et de Bergson [28], et les sentiments des militants révolutionnaires. Sauf H. Lagardelle, qui faisait la liaison entre les uns et les autres, les théoriciens du syndicalisme furent toujours très éloignés des ouvriers. Ils n'exercèrent à peu près aucune influence sur l'orientation de la C.G.T., et le syndicalisme ne fut pour eux qu'un thème sur lequel ils brodèrent de savantes variations littéraires et idéologiques.

Ancien ingénieur des ponts et chaussées, venu sur le tard à l'étude des problèmes sociaux, Georges Sorel, essentiellement, était un moraliste. Très frappé de la crise morale dont souffrent nos sociétés modernes, il se demanda par quels moyens cette crise pourrait être conjurée et arriva à ces deux conclusions : d'une part, que de toutes les classes de la société, celle qui constituait le plus grand réservoir de forces morales était le prolétariat, parce que l'esprit de jouissance et de cupidité ne l'avait pas pourri comme il avait

---

[28] G. Guy-Grand, *La philosophie syndicaliste*, Grasset, 1911 ; Célestin Bouglé, *Syndicalistes et Bergsoniens*, Revue du mois, avril 1905 ; Gaëtan Pirou, *Proudhonisme et Syndicalisme révolutionnaire*. Thèse Paris, 1910 ; G. Serbos, *Une philosophie de la production*. Thèse, Aix, 1913.

fait de la bourgeoisie ; d'autre part, que le moyen de cultiver et d'entretenir cette force morale était de susciter et de maintenir dans la classe ouvrière l'esprit de lutte contre toutes les autres classes et la volonté de scission. Son opinion sur ce point s'appuyait sur les études approfondies qu'il avait faites de l'histoire de l'Église, dont il attribuait le succès à l'âpreté des luttes qu'elle a dû soutenir au cours des temps et au soin qu'ont pris les moines de se séparer du monde.

De ces idées directrices, tout nu programme découlait, que Georges Sorel développa dans ses célèbres *Réflexions sur la violence* [*], parties en 1906 au *Mouvement socialiste,* et qu'il publia en volume en 1908 [29]. L'article premier de ce programme, c'est l'apologie de la violence, que Sorel estime être « le seul moyen dont disposent les nations européennes, abruties par l'humanitarisme, pour retrouver leur ancienne énergie ». La violence prolétarienne illustrera et rendra plus nette la division de la société en classes, que la démocratie et les doctrines de paix sociale tendent à effacer. La bourgeoisie à laquelle s'opposera un prolétariat uni et résolu sera par là même incitée à mettre plus d'énergie dans ses

---

[*] Texte disponible, en version intégrale, sur le site <u>Les Classiques des sciences sociales</u>. Note de l'éditeur, JMT.

[29] Librairie de Pages Libres. Pour la bibliographie de Georges Sorel, voir Gaëtan Pirou, *Georges Sorel (1847-1922),* Revue d'Histoire économique, 1924.

méthodes et son action, pour Je plus grand profit de la civilisation. « En face d'une bourgeoisie affamée, de conquêtes et riche, si un prolétariat uni et révolutionnaire se dresse, la société capitaliste atteindra sa perfection historique. » Violence, dans la pensée de Georges Sorel, ne signifie d'ailleurs pas brutalité. De ce qu'il consacre tout un chapitre de *ses Réflexions* à la « moralité de la violence », il De s'ensuit pas qu'il souhaite qu'entre la bourgeoisie et le prolétariat se livrent des combats sanguinaires. Sorel n'appelle et n'approuve la violence que d'une manière en quelque sorte symbolique, en tant qu'elle marque la volonté d'intransigeance et de scission du prolétariat. Si cette volonté existe, il suffira de quelque-, manifestations concrètes pour l'affirmer de temps en temps. Et Sorel déclare qu'on peut concevoir « que le socialisme soit parfaitement révolutionnaire, encore qu'il n'y ait que des conflits courts et peu nombreux ».

Avec l'idée de grève générale, nous tenons le second point du programme. Ici, Sorel paraît rejoindre la doctrine des militants, puisque la grève générale est une des armes sur lesquelles ils comptent le plus pour la libération du prolétariat. Mais l'analogie est plus apparente que réelle, car Georges Sorel, quand il parle de la grève générale prolétarienne, l'envisage d'une manière très particulière. Il voit en elle un mythe qui peut-être ne recevra pas de réalisation complète et qui vaut moins comme anticipation du futur que comme image capable d'exciter les énergies et d'entretenir l'ardeur combative. pour bien faire saisir sa pensée à cet égard, Sorel donne l'exemple des premiers chrétiens, qui attendaient pour une date très prochaine le retour du Christ. Leur espérance fut trompée. Cependant, le mythe apocalyptique joua un rôle capital dans l'histoire de l'Église, puisqu'il entretint l'exaltation des croyants, soutint leur énergie, et contribua finalement d'une façon efficace à l'essor du christianisme. De même le mythe de la grève générale n'est peut-être, point destiné à passer dans les faits. Les mythes De sont pas des almanachs astrologiques. Même quand le tableau qu'ils font de la Révolution serait complètement fantaisiste, les partisans de la grève générale sont dans le vrai, si par elle la pensée révolutionnaire prend mie « précision » et une « raideur » qu'autrement elle n'aurait pu. avoir.

Entraîné et soutenu par le mythe de la grève générale, l'ouvrier sera dans l'état d'esprit d'un guerrier ; il sentira s'éveiller au fond de son âme « un sentiment du sublime en rapport avec, les conditions d'une lutte gigantesque » ; il aura « le sentiment très net de la gloire qui doit s'attacher à son rôle historique et de l'héroïsme de son attitude militante » ; il aspirera à l'épreuve décisive « dans laquelle il donnera toute la mesure de sa valeur ». Semblable aux soldats qui participèrent aux luttes héroïques de l'ancienne Grèce ou de la Révolution française, il apportera dans l'attaque contre la bourgeoisie et l'État l'ardeur, le désintéressement, l'héroïsme qui assureront la victoire.

Moraliste comme Georges Sorel, Ed. Berth ne pouvait manquer d'être séduit par la doctrine sorellienne. Aussi s'en fit-il le champion [30], mais en même temps, avec le lyrisme et la virtuosité dialectique qui lui sont propres, Ed. Berth apporta aux thèses de la nouvelle école des développements originaux.

La position du syndicalisme révolutionnaire par rapport aux doctrines antérieures, anarchisme et marxisme orthodoxe, est pour Berth comparable à celle de la philosophie bergsonienne par rapport au courant rationaliste et scientifique. L'anarchisme est une doctrine abstraite et scientiste : abstraite en ce qu'elle exalte l'individu, qu'elle oppose à la société par une antithèse factice ; scientiste en ce qu'elle croit la Science capable de remplacer la religion et d'exprimer le monde en quelques

---

30 *Les nouveaux aspects du socialisme*. Marcel Rivière, 1908 ; *Les méfaits des Intellectuels*. Rivière, 1914.

formules simples. Le marxisme orthodoxe qui se représente la société sous la forme de masses disciplinées et l'histoire sous la forme du déroulement automatique d'une évolution fatale est également vicié par le mécanisme et l'abstraction.

Si différentes qu'elles paraissent à première vue, les doctrines anarchiste et guesdiste sont donc le reflet d'une même philosophie, qui a pu répondre à l'esprit d'une certaine époque intellectuelle que symbolisent les noms de Renan, de Taine, d'Auguste Comte, mais qui est aujourd'hui périmée. Au contraire, le syndicalisme révolutionnaire se relie aux philosophies nouvelles de la vie, de l'action, de la liberté. Son centre, ce n'est plus comme dans l'anarchisme l'individu - la particularité sensible -, ce n'est pas davantage, comme dans le guesdisme, l'État - l'universel abstrait -, c'est l'atelier de la grande industrie moderne - l'universel concret -, où se concilient la discipline collective et la personnalité individuelle, où les énergies se groupent autour du travail sur le plan du réel, où les antinomies classiques entre l'individu et l'État, la liberté et l'autorité, la théorie et la pratique s'accordent en une synthèse originale.

Dans son étude *Marchands, Intellectuels, Politiciens*, parue au Mouvement socialiste en 1907, et reproduite dans le volume *Les méfaits des intellectuels*, Ed. Berth reprend ce thème philosophique en le présentant sous une forme un peu différente. Il explique que l'État dans l'ordre politique, l'Idée dans l'ordre intellectuel, l'Échange dans l'ordre économique sont trois concepts philosophiquement symétriques. Ils ont pu jouer un rôle utile comme instruments de libération : l'État a permis de dépasser la multiplicité et l'étroitesse des souverainetés féodales : l'Idée, d'ordonner le chaos des sensations ; l'Échange, d'établir une inter-communication entre les économies auparavant fermées. Mais l'État, l'Idée et l'Échange deviennent des dangers lorsqu'ils veulent tout absorber en eux, lorsque l'État étouffe les individus, lorsque l'Idée supprime les réalités sensibles pour ne plus jongler qu'avec des abstractions, lorsque l'Échange met en servitude la production. Le syndicalisme révolutionnaire libérera la production de la tyrannie de l'Échange. Tandis que le paysan correspond au type économique de la production sans échange, avec sa vie solitaire, profonde mais étroite, gouvernée tout entière par la coutume et la tradition, tandis que le citadin et le bourgeois correspondent au type de l'économie d'Échange, avec leur vie ouverte, agitée, extérieure, mais aussi inconstante et frivole, l'ouvrier de la grande industrie moderne exprime le type supérieur de l'économie syndicaliste. Par son passage à la ville, il s'est dépouillé de l'individualisme misonéiste et routinier du paysan. Par son travail à l'atelier, par ses liens directs avec la production, il garde la profondeur de vie intérieure et la concentration sur soi-même qui fourniront les assises d'une société renouvelée.

Pendant quelques années, on put croire que des destinées brillantes étaient réservées à la « Nouvelle École ». Puis cette vogue a passé. Georges Sorel et Ed. Berth se détachèrent du syndicalisme ouvrier quand ils eurent constaté qu'il ne se conformait point à leurs conceptions. Dès 1908, ils avaient cessé d'écrire au *Mouvement socialiste* et rompu avec H. Lagardelle [31]. Quelques années plus tard, on les retrouvait proches de l'Action Française et du nationalisme. Au lendemain de la guerre et de la Révolution russe, ils deviennent les chevaliers du -bolchevisme. Ces fluctuations successives - encore qu'elles soient peut-être moins illogiques qu'elles ne le paraissent à première vue - ont beaucoup nui au prestige des idées dont Georges Sorel et Ed. Berth se sont faits les défenseurs.

La doctrine des militants n'a pas non plus réussi à passer dans les faits. L'expérience devait montrer qu'il y avait un défaut d'ajustement entre le but révolutionnaire que les

---

[31] Cf. H. Lagardelle, *Le socialisme ouvrier,* Giard, 1911 ; *Proudhon et les néo-monarchistes,* Mouvement socialiste, 1911.

syndicalistes se proposaient d'atteindre et les moyens limités dont ils disposaient. Lorsque nous étudierons le mouvement et la doctrine syndicalistes d'après-guerre, nous verrons que, les leçons de cette expérience n'ont pas été perdues.

V. LA SYNTHÈSE :
J. JAURÈS

<u>tdm</u>

J. Jaurès [32] a tenu dans l'histoire du mouvement socialiste de 1893 à 1914 une place de tout premier plan, et si le socialisme réussit en 1905 à réaliser son unité, assurément c'est en grande partie à Jaurès qu'il le doit.

Nous avons vu précédemment que l'unité avait été préparée par la fusion des multiples groupes socialistes en deux grands partis : le Parti Socialiste Français qui comprenait les broussistes, les socialistes indépendants et les allemanistes, et le Parti Socialiste de France auquel avaient adhéré guesdistes et blanquistes. Le plus difficile restait à

---

[32] Pour la vie de Jaurès, Cf. Ch. Rappoport, *J. Jaurès*, L'Émancipatrice, *1915* ; Soulé, *La* vie de *J. Jaurès*, 2e éd., Floreal, 1921 ; Desanges et Mériga, *Vie de Jaurès*, Crès, 1924; Lucien Lévy-Bruhl, *J. Jaurès*, 2e éd., Rieder, 1924 ; Jouhaux, Lebey, etc., *Jaurès par ses contempo*rains, Chiron, 1925.

faire : il fallait réunir sur un programme commun et pour une action commune ces deux partis, dont l'un inclinait vers les solutions modérées, et l'autre vers les méthodes révolutionnaires. Qu'il y eût entre eux une divergence profonde de tendance et d'esprit, c'est ce que montra le Congrès international qui se tint à Amsterdam, en août 1904. Après un débat passionné où s'affrontèrent les deux thèses soutenues respectivement par Jaurès d'une part, Guesde et Vaillant de l'autre, la motion intransigeante l'emporta. Un ordre du jour signé, de tous les grands chefs du mouvement socialiste à l'étranger et adopté à l'unanimité engagea les diverses fractions du socialisme français à, se réconcilier. Dès le retour d'Amsterdam, les pourparlers commencèrent. S'inclinant sans réserves devant les décisions du Congrès International, Jaurès s'employa à rallier ses amis du Parti Socialiste Français aux idées révolutionnaires que Guesde avait fait triompher à Amsterdam, et il réussit à entraîner l'assentiment de la majorité d'entre eux. En avril 1905 se tenait le congrès d'unification qui créa le « Parti socialiste, Section française de l'Internationale ouvrière » (S.F.I.O.). La charte constitutive du parti se plaçait de la manière la plus nette sur le terrain de la lutte de classes et de la révolution, et imposait aux élus du Parti l'obligation de refuser le vote du budget.

De 1905 à 1914, le Parti Socialiste Unifié fit des progrès rapides [33]. Le nombre des cotisants passe de 35 000 en 1905 à plus de 90 000 en 1914. Les élus à la Chambre sont au nombre de 52 en 1906, de 76 en 1910, de 103 en 1914. Les candidats socialistes, qui avaient obtenu un total de 870 000 voix en 1906, en obtiennent plus d'un million 400 000 en 1914. En même temps que s'accroissaient ses effectifs, le Parti Socialiste Unifié s'efforçait dans ses congrès de parfaire sa doctrine. Tâche assurément malaisée, car, au sein du parti, subsistaient des tendances très diverses et, sur chaque grand problème mis à l'ordre du jour des congrès, les thèses extrêmes se heurtaient avec violence. L'unité cependant résista à toutes les tempêtes. Elle bénéficia de ce fait que les mêmes hommes ne se classaient point sur toutes les questions de la même manière, à l'aile droite ou à l'aile gauche. Par exemple, Jules Guesde, extrémiste quand il s'agissait de choisir entre la révolution et les réformes, était parmi les plus modérés quand le débat portait sur l'anti-patriotisme ou le socialisme agraire. Et surtout ce qui sauva l'unité, ce fut l'action personnelle de Jaurès et son aptitude à trouver en toute matière, et à défendre avec sa magnifique éloquence, la thèse intermédiaire qui permettait de concilier les extrêmes et de clore le débat.

---

[33] A. Zévaès, *Le Parti Socialiste de 1904 à 1923*, Marcel Rivière, 1923.

Mais il ne faudrait pas croire que ces discours de congrès et ces motions « nègre-blanc » qui les couronnaient ne fussent que des manœuvres d'habile politicien. Si, dans l'action, Jaurès fut un conciliateur et un unitaire, c'est que sa pensée, son tempérament, sa philosophie étaient dominés par une aspiration profonde à la synthèse - synthèse qui était autre chose qu'un superficiel éclectisme. Léon Blum a très justement qualifié Jaurès de « génie symphonique » [34]. Il ne se bornait pas à juxtaposer les contradictoires. Il les fondait en une harmonie riche et puissante. Il ne manqua à cette symphonie que de n'être pas aussi réelle clans les choses qu'elle l'était en lui.

1. Idéalisme et matérialisme historique. - La philosophie historique de Jaurès est très profondément idéaliste [35]. Pour lui, l'histoire forme une série d'événements logiquement enchaînés suivant une direction déterminée. « L'humanité

---

[34] *Idée d'une biographie de Jaurès*, Librairie de l'Humanité, 1917; cf. G. Pirou, *Les idées maîtresses de J. Jaurès*, Grande Revue, *juillet, 1917 ; G.* Guy-Grand, *Jaurès ou le conciliateur*, Grande Revue, juillet, 1918,

[35] *Idéalisme et matérialisme dans la conception de l'histoire, Conférence* contradictoire avec *Paul Lafargue*, brochure, 1901.

est comme un grand artiste toujours en progrès. » Et le progrès n'est pas seulement technique et matériel, mais aussi intellectuel et moral. Chaque étape de la civilisation se distingue de celle qui l'a précédée, en ce qu'elle renferme une dose supérieure de justice et de droit, en ce qu'elle marque une emprise plus grande de la raison humaine sur la nature. Jaurès se représente la marche de l'humanité comme une montée progressive vers la lumière. Au cours de cette montée, nombreux pourront être les glissements, nombreuses les chutes « sur les escarpements qui mènent aux cimes ». Mais l'ascension n'en sera que retardée, non arrêtée. Les sociétés humaines ne subissent pas la loi de la pesanteur : « sur elles s'exerce, finalement prépondérante, la force attirante des sommets ». Cette conception, idéaliste et rationaliste de l'évolution historique s'apparente d'assez près à celle que Proudhon a magnifiquement exposée dans sa grande œuvre : *La Justice dans la Révolution et dans l'Église.* Au reste, Jaurès a rendu hommage à Proudhon et l'a loué d'avoir montré que « dans les siècles obscurs et tourmentés de l'histoire primitive, dans la lueur mêlée du temps présent, dans la lueur plus rayonnante et plus pure des temps futurs, tout le mouvement humain a comme tendance, comme but et comme sens l'accomplissement de l'universelle justice humaine ».

Mais de ce qu'il adhère ainsi à la conception idéaliste de l'histoire, il ne s'ensuit pas que Jaurès répudie le matérialisme historique. S'il en critique certaines exagérations (qui sont, dit-il, l'œuvre de disciples intempérants plutôt que de Marx lui-même), il reconnaît à la philosophie marxiste le mérite d'avoir réagi contre une idéologie « hypocrite et paralysante », d'avoir montré qu'il ne suffit pas « de répéter indéfiniment d'écho en écho des mots de liberté et de justice », qu'il faut donner à ces mots une substance et un support, bref, d'avoir mis « la vie prolétarienne dans la pensée socialiste ».

Pour Jaurès, l'idéalisme historique et le matérialisme historique sont l'un et l'autre vrais. Mais cela ne veut pas dire qu'ils le soient l'un et l'autre partiellement. Ici nous allons saisir sur le vif cette volonté de conciliation des contradictoires que je signalais tout à l'heure, et qui n'est point de l'éclectisme. Jaurès développe sa pensée en ces termes :

« Je ne veux pas faire à chacun sa part ; je ne veux pas dire : il y a une partie de l'histoire qui est gouvernée par les nécessités économiques et il y en a une autre dirigée par une idée pure, par un concept, par l'idée par exemple de l'humanité, de la justice et du droit ; je ne veux pas mettre la conception matérialiste d'un côté d'une cloison et la conception idéaliste de l'autre. Je prétends qu'elles doivent se pénétrer l'une l'autre comme se pénètrent dans la vie organique de l'homme la mécanique cérébrale et la spontanéité consciente. »

Cette méthode synthétique, Jaurès l'applique à l'étude de la Révolution Française [36]. S'il est vrai que l'histoire traduit et incorpore peu à peu dans les faits l'idéal de l'humanité, on doit pouvoir, à l'occasion d'un grand événement historique comme la Révolution, en mettre au jour à la fois les causes économiques et les causes intellectuelles, y voir l'aboutissant de certaines transformations techniques et en même temps une étape dans la marche de l'humanité vers un idéal de justice et de droit. C'est ce que Jaurès a tenté. Par un tableau très fouillé de l'état économique de la bourgeoisie française au XVIIIe siècle, il montre les antécédents et le soubassement matériel de la Révolution, et par l'analyse de la pensée française au *XVIIIe* siècle, il en marque les origines intellectuelles. La Révolution a été le confluent de deux forces : la maturité sociale de la bourgeoisie française et la maturité intellectuelle de la nation française. « Là sont les deux sources ardentes, les deux sources de feu de la

___

[36] *Histoire socialiste : La Constituante, la Législative, la Convention*, Rouff, 1901-1907. Réédition chez Reider, 1922-1924, sous le titre *Histoire socialiste de la Révolution Française*.

Révolution. C'est par là, qu'elle fut possible et qu'elle fut éblouissante. »

2. Collectivisme et Individualisme. - Si la philosophie de l'histoire dont on vient d'indiquer les grandes lignes est exacte, deux moyens s'offrent à qui veut essayer de deviner les formes sociales de l'avenir. On peut rechercher par la déduction rationnelle quel est l'aboutissant logique des principes que dans sa marche ascendante l'humanité progressivement découvre. Et l'on peut, par l'observation réaliste, apercevoir dans l'organisation économique d'aujourd'hui les germes de celle de demain. Jaurès tour à tour emploie les deux méthodes et, par l'une comme par l'autre, il est conduit au collectivisme.

Le collectivisme est d'abord le seul régime qui permette de porter à leur achèvement les principes de démocratie et de raison humaine. Jaurès insiste avec force sur ce que la démocratie n'est réalisée que fragmentairement lorsque l'ouvrier, souverain dans l'ordre politique, reste en servage dans l'ordre économique. Et comme il ne saurait être question, dans la vie économique moderne dominée par le machinisme et la grande industrie, de redonner à chaque travailleur son autonomie en morcelant, pour lui en attribuer une part, la propriété des moyens de production, ce n'est qu'en socialisant cette propriété, en la faisant passer des capitalistes à la nation, que l'on achèvera la démocratie. En même temps, on donnera à tous les individus les moyens de développer la force autonome de raison qui est en eux et qui demeure mutilée et entravée tant que des hommes sont à la merci d'autres hommes qui se servent d'eux comme, de machines ou d'outils.

Le collectivisme est aussi commandé par l'évolution. La concentration industrielle entraîne l'agglomération des ouvriers en grandes masses qui prennent une conscience croissante de leur nombre et de leur force. Les petits artisans, les petits commerçants, chassés par le grand magasin et la société anonyme, sont rejetés dans le prolétariat. Les producteurs ruraux sont obligés de renoncer peu à peu à leur particularisme et deviennent collectivistes pour la vente de leurs produits et l'achat de leurs matières premières. Bref, si Marx et ses disciples ont peut-être exagéré la netteté et la fatalité de la loi de concentration capitaliste, il reste que le mouvement est assez visible et assez fort pour qu'on puisse affirmer que l'avenir est à la propriété sociale.

Mais, ici, Jaurès rencontre l'objection courante contre l'appropriation sociale, à savoir qu'elle supprimerait la liberté des individus. Si d'aucuns parmi les collectivistes se résignent à cette suppression, Jaurès n'admet point que la justice se fasse aux dépens de la liberté :

« Nous ne voulons pas enfermer les hommes dans des compartiments étroits numérotés par la force publique. Nous ne sommes pas séduits par un idéal de réglementation tracassière et étouffante. Nous aussi, nous avons une âme libre. Nous aussi, nous sentons en nous l'impatience de toute contrainte extérieure, et si, dans l'ordre social rêvé par nous, no-as ne rencontrions pas d'emblée la liberté, la vraie, la pleine, la vivante liberté, si nous ne pouvions pas marcher et chanter, et délirer même sous les cieux, respirer les larges souffles et cueillir les fleurs du hasard, nous reculerions vers la société actuelle malgré ses désordres, ses iniquités, ses oppressions. Plutôt la solitude, avec tous ses périls, que la contrainte sociale. Plutôt l'anarchie que le despotisme quel qu'il soit. »

Dans un article de la Revue de Paris : « Socialisme et liberté » (1898), et dans sa série d'études « Esquisse d'une organisation socialiste » (*Revue socialiste*, 1895-96), Jaurès a donné le schéma d'une société collectiviste respectueuse de la liberté individuelle [37] et qui serait, comme il le dit lui-même, « la synthèse de l'individualisme proudhonien et du communisme marxiste ». Par une combinaison qui rappelle celle des auteurs du Socialisme à l'œuvre, il suppose que l'État, propriétaire des moyens de production, en déléguera l'usage aux organisations professionnelles, lesquelles auront la plus grande latitude pour organiser l'exploitation et répartir entre leurs membres les matières premières et les tâches. Des dispositions spéciales sont prévues pour inciter les individus à perfectionner l'outillage, à inventer des procédés nouveaux de fabrication, à intensifier le rendement. Jaurès d'ailleurs ne présente ce schéma que comme une hypothèse très conditionnelle, parce que « l'extraordinaire complication des rapports sociaux dépasse la force de prévision de l'entendement humain », et que a la forme précise de l'ordre socialiste est subordonnée au moment précis de son apparition ». S'il s'est hasardé cependant à décrire ce que pourrait être le mécanisme économique en régime socialiste, c'est pour montrer d'une manière concrète qu'il n'y a point contradiction, mais harmonie, entre le socialisme et l'individualisme. Et M. Bourguin, qui a fait un examen minutieux du « Collectivisme décentralisateur » de Jaurès, reconnaît qu'il

---

[37] Cf M. Boitel, *Les Idées libérales dans le socialisme de J. Jaurès*, Thèse Paris, 1921,

« est certainement supérieur au collectivisme ordinaire », qu'il permet « d'échapper partiellement à l'effrayante centralisation des fonctions économiques », et qu'il laisse « une place à l'initiative des producteurs ».

3. Réformes et révolution. - Dans la préface de ses *Études Socialistes*, Jaurès explique qu'il a toujours présent à l'esprit le problème des moyens par lesquels se fera le passage de la société, bourgeoise à la société collectiviste [38]. Par un effort inlassable de propagande, menée souvent dans des conditions très difficiles, Jaurès s'attacha à montrer aux masses ouvrières, qui d'instinct sont plutôt portées à préférer les solutions brutales, qu'il serait puéril et dangereux de nier toute valeur aux méthodes réformistes. Tandis que les marxistes orthodoxes décrivent l'État comme un bloc, impénétrable qu'il faudra prendre d'assaut, Jaurès montre que l'État moderne est un « composé d'oligarchie capitaliste et de démocratie ouvrière », et que la proportion de ces éléments au sein de l'État varie incessamment au profit de la classe ouvrière « qui, d'un mouvement continu, grandit en nombre, en organisation et cri conscience ». Si

---

[38] Ollendorf, 1902 ; *Les deux méthodes, Conférence contradictoire avec J. Guesde*, brochure, 1900, Cf. M. Ralea, *L'idée de Révolution dans les doctrines socialistes*, Rivière, 1923, p. 359-363.

donc on veut caractériser l'État d'aujourd'hui, on ne le peut « qu'en introduisant au moins dans la formule l'idée de mouvement », en (lisant qu'il est « l'expression d'une démocratie bourgeoise où la puissance du prolétariat progressivement s'accroît ». De même, à l'encontre de ceux qui pensent qu'entre les deux classes bourgeoise et capitaliste n'existe aucune communauté d'intérêt, Jaurès établit que, si la bourgeoisie et le prolétariat sont les deux pôles de la société, entre ces pôles « sont échelonnées bien des forces intermédiaires» et que la bourgeoisie contient des individus assez cultivés et assez généreux « pour ne pas faire de leur intérêt étroit la mesure du vrai ». Dès lors la voie est libre pour une transformation graduelle de la société. Ni l'État, perméable aux influences prolétariennes, ni la classe bourgeoise, divisée et incertaine de son droit, ne constituent des barrières infranchissables qu'il soit nécessaire de renverser d'un coup. L'infiltration progressive du socialisme dans la société capitaliste devient possible. Jaurès prétend même que cette infiltration est beaucoup plus avancée qu'on ne le croit d'ordinaire et que le droit actuel, par toutes les limitations qu'il met à l'exercice de la propriété individuelle, par les lois d'expropriation pour cause d'utilité publique, par les droits de succession, par la législation ouvrière, amorce déjà un droit social nouveau. Il se rapproche ici des adeptes du socialisme juridique, tout en spécifiant qu'il n'a point « la puérilité de prétendre que le droit socialiste sortira par interprétation et évolution des textes de droit bourgeois ». En tout cas, c'est une de ses idées favorites que peut-être le socialisme se réalisera silencieusement. Albert Thomas rapporte qu'un jour Jaurès lui aurait dit : « Dans cinquante ans, il y aura beaucoup de socialisme réalisé et, qui sait ? peut-être les socialistes seront-ils les derniers à s'en apercevoir. » Et, développant la même idée au congrès de Bordeaux, en mai 1903, Jaurès déclarait : « Peut-être s'apercevra-t-on qu'on est entré dans la zone de l'État socialiste comme les navigateurs s'aperçoivent qu'ils ont franchi la ligne de l'hémisphère, non pas qu'ils aient pu voir en la traversant une corde tendue sur l'océan et les avertissant du passage, mais peu à peu la marche du navire les a conduits dans un hémisphère nouveau. »

Toutefois, si attaché que soit Jaurès à la méthode réformiste, il demeure un révolutionnaire. S'il prévoit et souhaite l'avènement pacifique et graduel du socialisme, il entend laisser la porte ouverte à l'autre éventualité et ne veut pas que, par une renonciation anticipée, le prolétariat se prive des possibilités que l'histoire pourrait lui offrir « dans un avenir que nul de nous ne peut sonder ». Aussi, quand certains proposèrent, en 1902, au congrès du Parti

Socialiste Français, d'effacer du programme du Parti le mot « révolutionnaire », Jaurès fut de ceux qui s'y opposèrent, et Sembat, dans son discours au Congrès de Tours en 1920, rapporte que souvent les amis intellectuels de Jaurès, professeurs et élèves de l'École Normale, lui offrirent leur adhésion au socialisme s'il consentait à dire qu'il n'attendait la transformation sociale que des voies légales, mais que Jaurès se refusa toujours à faire cette déclaration, affirmant « qu'un peuple opprimé, exproprié, a le droit d'employer tous les moyens, sans exclure aucun moyen violent ». En outre, même lorsqu'il préconisait les réformes, lorsqu'il les défendait contre Guesde au congrès de Toulouse (1908), au congrès de St-Quentin (1911), Jaurès insistait sur ce que la réforme ne vaut pas tant en elle-même que dans la mesure où elle prépare et facilite le changement radical du régime de la propriété. Les réformes, disait-il, « ne sont que des degrés pour s'élever à l'affranchissement total ». Et aux socialistes dits « réformistes » comme A. Millerand et J. Sarraute, il reprochait de ne garder du programme socialiste que ce qui est immédiatement assimilable par l'action gouvernementale d'aujourd'hui, de « scier l'arbre au-dessus d'un certain niveau » et de « détacher ainsi de la racine la partie la plus haute et la plus belle ». Enfin, Jaurès ne pensait point que la démocratie économique, conséquence logique de la démocratie politique, se ferait automatiquement par le seul jeu des rouages de celle-ci. Si les influences de classes dans l'État moderne lui semblaient n'être plus assez puissantes pour dresser une barrière devant les réformes sociales, elles lui paraissaient suffisamment fortes encore pour contrarier et déformer le mécanisme du suffrage universel. Afin de redresser ces déformations, l'intervention constante et active du prolétariat organisé lui semblait nécessaire, et il ne croyait le socialisme réalisable que par l'action concordante du parti socialiste et de la classe ouvrière organisée en coopératives et en syndicats. Aussi, lorsque vint en discussion, devant les congrès socialistes de Limoges (1906) et Nancy (1907), la question des rapports entre les Syndicats et le Parti, il se prononça et contre la thèse de Guesde qui voulait subordonner les Syndicats au Parti, et contre celle de Lagardelle qui affirmait la supériorité du syndicalisme sur le socialisme. Jaurès proclama que les Syndicats et le Parti ont une importance égale et un rôle parallèle, que la classe ouvrière ne pourra s'affranchir que par la force combinée de l'action politique et de l'action syndicale : il pensait que cette action serait d'autant plus efficace que les deux organisations, politique et économique, auraient leur pleine autonomie, et que « sans confusion ni subordination ni défiance » une libre coopération s'établirait entre elles.

4. Internationalisme et défense nationale. - Jaurès était très ardemment internationaliste. Il avait horreur de la guerre, croyait que seul le prolétariat internationalement organisé serait capable de l'empêcher et, parmi les armes dont le prolétariat international pourrait user en cas de menaces de conflit, il admettait la grève générale et l'insurrection. Mais jamais Jaurès ne conçut cette affirmation internationaliste comme exclusive de l'idée de patrie. Dans le passé, l'idée de patrie et d'unité nationale lui semblait avoir été le cadre naturel et nécessaire de cette évolution progressive vers l'ordre et la justice qui était pour lui la loi de l'histoire, et il montrait qu'il n'est pas vrai de dire, comme le fait une interprétation mesquine du matérialisme historique, que la patrie n'a de sens et de valeur que pour ceux qui possèdent le sol. Retraçant à larges traits dans de belles pages de *l'Armée nouvelle* l'histoire des patries, Jaurès établit qu'elles n'ont pas pour fondement « des catégories économiques exclusives », et que l'idée de patrie « tient par ses racines au fond même de la vie humaine ». Dans l'avenir, il croyait que les patries auraient encore un grand rôle à jouer : ce serait en effet une réaction déplorable que de vouloir dissoudre chaque patrie en groupements minuscules, et ce serait un césarisme monstrueux que de vouloir réaliser l'unité humaine par la subordination de toutes les patries à une seule ; la solution raisonnable, c'est « la libre fédération de nations autonomes ». S'agissant plus spécialement de la France, Jaurès estimait que ce serait un crime « contre l'humanité » que de rester indifférent à sa sécurité et à sa prospérité. « La France, écrivait-il en 1893 dans la *Dépêche de Toulouse,* et une France libre, grande et forte, est nécessaire à l'humanité. C'est en France que la démocratie est parvenue à sa forme la plus logique : la République; et si la France baissait, la réaction monterait dans le monde. » Et en 1905, dans un discours qu'il devait prononcer à Berlin et qui fut interdit par le gouvernement allemand, il présentait un tableau du rôle historique de la France où, sans dissimuler les erreurs et les faiblesses de son pays, il mettait en lumière sa grandeur et terminait en affirmant à son auditoire allemand que la France « reste une des grandes forces de progrès humain et de libération ouvrière, une force nécessaire et inviolable, résolue, dans les limites de son droit, à ne se laisser ni violenter ni humilier ».

Ici encore, c'est moins une conciliation qu'une synthèse qui se faisait dans l'esprit de Jaurès entre l'internationale et la patrie. Il ne voyait pas en elles deux puissances antagonistes dont il faut circonscrire les domaines pour les empêcher de se heurter, mais deux forces concordantes qui pouvaient se soutenir l'une l'autre et s'unir en une bienfaisante harmonie, et il donnait comme conclusion au chapitre « Internationalisme et patriotisme » de *l'Armée nouvelle*, les formules suivantes :

« C'est dans l'Internationale que l'indépendance des nations a sa plus haute garantie ; c'est dans les nations indépendantes que l'Internationale a ses organes les plus puissants et les plus nobles. On pourrait presque dire : un peu d'internationalisme éloigne de la patrie ; beaucoup d'internationalisme y ramène. Un peu de patriotisme éloigne de l'Internationale ; beaucoup de patriotisme y ramène. »

Malheureusement, en fait cette synthèse rencontrait quelques obstacles. Dans les difficultés et les conflits qui surgirent, quelle fut l'attitude de Jaurès ?

En 1895, à la Chambre, Jaurès indique que les socialistes français revendiquent, eux aussi, le retour de l'Alsace-Lorraine à la France, sans d'ailleurs vouloir l'obtenir par le recours aux

Je ne sais si quelqu'un oublie, mais ce n'est pas nous ! Nous sommes dans la nécessité douloureuse de dire : la Nation française est mutilée. Nous n'oublions pas la blessure profonde reçue par la patrie parce qu'elle est en même temps une blessure profonde reçue par le droit universel des peuples. »

Lorsque se développa la campagne anti-patriotique de Gustave Hervé, Jaurès se dressa contre elle. Au congrès de Limoges (1906), au congrès de Nancy (1907), il soutient contre G. Hervé que le prolétariat a le devoir de défendre et de maintenir l'autonomie des nations ; il montre que c'est une erreur et une utopie que de prêcher l'insurrection en cas de guerre d'une manière unilatérale, et qu'on risque ainsi, soit de conduire inutilement à la fusillade quelques révoltés, soit de désarmer celui des deux peuples en guerre ou l'insurrection réussirait parce que la, conscience socialiste y serait la plus forte.

Le 14 novembre 1910, Jaurès dépose sur le bureau de la Chambre une « proposition de loi sur l'organisation de l'armée », précédée d'un exposé des motifs qui forme à lui seul un gros volume et qu'il publia quelque temps après sous le titre : *L'Armée nouvelle*. La préoccupation maîtresse de Jaurès dans cette oeuvre est de construire une organisation militaire démocratique qui ne puisse être un instrument entre les mains d'un gouvernement belliqueux et chauvin, mais qui, dans l'hypothèse d'une guerre défensive, soit un instrument de résistance efficace et rapide. On sait que la proposition de Jaurès ne vint pas en discussion et que le projet de loi déposé quelque temps après, et voté en 1913 malgré l'opposition très vive des socialistes, conservait au contraire les principes de l'organisation existante, en se bornant à porter de deux à trois ans la durée du service actif.

A mesure que les menaces de guerre se firent plus précises, l'inquiétude de Jaurès naturellement s'accrut. Il voulait cependant continuer à espérer que les forces de paix l'emporteraient. Dans un discours qu'il prononçait à la Chambre, le 20 décembre 1911, il énumérait et développait ses raisons d'espérance et, parmi elles, à côté du développement croissant de l'organisation ouvrière, il plaçait l'entrecroisement des relations commerciales et financières par-dessus les frontières, et la renaissance aux États-Unis du vieil idéal des puritains. En 1913, lorsque Ch. Andler, dans une série d'articles de *L'Action nationale,* signala l'existence au sein du socialisme allemand d'un courant impérialiste, Jaurès soutint qu'Andler avait exagéré, sinon faussé les théories allemandes. Il semble bien que sur ce point, c'est Andler qui avait vu juste ; niais pour apprécier équitablement l'attitude de Jaurès, il faut ne pas oublier que ce qui l'irritait dans la campagne d'Andler, c'était surtout l'utilisation qui en était faite par la presse nationaliste, et qu'il pensait travailler à la cause de la paix en essayant d'empêcher que le chauvinisme des uns ne s'alimentât du chauvinisme des autres.

Dans les derniers jours de juillet 1914. nous retrouvons en Jaurès cette volonté d'optimisme que traversent, quand les perspectives décidément s'assombrissent, des lueurs de désespoir lucide. Le 25 juillet, il prononce un discours à Lyon quelques instants après avoir appris la rupture diplomatique austro-serbe. La note pessimiste y domine. « Jamais l'Europe, dit-il, n'a été dans une situation plus menaçante et plus tragique... Nous avons contre nous, contre la paix, contre la vie des hommes, à l'heure actuelle, des chances terribles. » Et il termine par ces mots : « Quoi qu'il en soit, citoyens, *et je dis ces choses avec une sorte de désespoir, il* n'y a plus, au moment où nous sommes menacés de meurtre ou de sauvagerie, qu'une chance pour le maintien de la paix et le salut de la civilisation. » Cette chance, c'était l'action internationale du prolétariat.

Le 29, au meeting qui se tient à Bruxelles, à l'occasion de la réunion du bureau socialiste international, l'optimisme de Jaurès a repris le dessus. Il sait qu'en France le gouvernement ne veut pas la guerre. Il croit, parce que Hugo Haase dans l'après-midi le lui a affirmé, que le Kaiser ne la veut pas non plus et que le parti socialiste allemand a entrepris et va continuer une action pacifique énergique. Et il dit à Vandervelde : « Nous aurons encore des hauts et des bas, mais cette crise se dénouera comme les autres. » Le 30, son optimisme est durement ébranlé par l'annonce de la proclamation en Allemagne du « Kriegsgefahrzustand », qu'il apprend dans les couloirs de la Chambre et dont il essaie de pénétrer le sens exact en demandant un dictionnaire et en épluchant la signification de ce mot. Il s'irrite de ce que le gouvernement français n'agit pas a son sens assez vigoureusement sur la Russie pour la contraindre à une politique pacifique. Le 31, il dit son sentiment à cet égard au ministre de l'Intérieur et au sous-secrétaire d'État à la Présidence du Conseil. Il comptait l'exprimer aussi dans un article de *l'Humanité,* qu'il n'eut pas le temps d'écrire. À 21 h. 40, Jaurès était assassiné.

Chapitre II

La guerre et l'après-guerre

I. De l'union sacrée aux dissensions socialistes et syndicalistes

tdm

1. L'Union Sacrée [39]. - L'adhésion des socialistes à l'Union Sacrée fut, en août 1914, immédiate et à peu près unanime. Jules Guesde et Vaillant réagirent en face de la guerre de la même manière que les modérés. Gustave Hervé, qui n'avait pas attendu d'ailleurs la déclaration de la guerre pour répudier l'hervéisme, se montra le plus ardent à proclamer le devoir de défense nationale. Le 4 août, le groupe socialiste du Parlement votait à l'unanimité les crédits de guerre. Le 26 août, deux socialistes, Jules Guesde et M. Sembat, entraient au gouvernement avec l'autorisation officielle du parti. En mai 1915, Albert Thomas devient, à son tour, dans les mêmes conditions, sous-secrétaire d'État aux munitions, et en juillet, le Conseil national du parti, réuni à Paris, adopte à l'unanimité une déclaration assurant

---

[39] A. Zévaès, *Le parti socialiste de 1904 à 1923*, Marcel Rivière, 1923 ; Ch. Maurras, *Les chefs socialistes pendant la guerre*, Nouvelle Librairie nationale, 1918.

que le parti continuera à donner son concours, « sans réserve coin nie sans défaillance ni lassitude », à l'œuvre de défense nationale. De leur côté, les syndicalistes avaient pris une attitude analogue. Aux obsèques de Jaurès, Jouhaux exhortait la foule ouvrière à la concorde civique et identifiait la cause nationale et celle du prolétariat. Personnellement, il accepta de représenter la C.G.T. au Comité de secours national, où il prit place aux côtés de l'Archevêque de Paris, et de participer aux travaux de la Commission supérieure des allocations.

Comment s'explique cette attitude du socialisme et da la C.G.T., si contraire, au moins en apparence, aux professions de foi anti-militaristes, parfois même nettement anti-patriotiques, des congrès d'avant-guerre ? Pour en rendre pleinement compte, il faut sans doute faire appel à plusieurs ordres de considérations. Les chefs socialistes et syndicalistes eurent généralement la conviction que la France n'avait aucune responsabilité dans le déclanchement de la guerre. On savait que le Président du Conseil avait donné l'ordre de retirer les troupes à 10 kilomètres en deçà de la ligne de frontière pour éviter tout incident. Jouhaux, qui avait rencontré à Bruxelles, le 25 juillet 1914, le syndicaliste allemand Legien, avait rapporté de cette entrevue l'impression que les Allemands ne feraient rien pour empêcher la guerre. D'où l'opinion courante dans les milieux ouvriers que la lutte qui commençait était une lutte défensive. D'autre part, le sentiment patriotique était à ce point exalté, dans les niasses populaires comme dans le reste de la nation, qu'il eût été impossible au parti socialiste et à la C.G.T., à supposer qu'ils l'eussent voulu, de prendre position contre la guerre. Comme le dit très justement Merrheim au Congrès de Lyon en 1919, « si la C.G.T. eût voulu se mettre en travers de la guerre et refuser son concours à la défense nationale, la classe ouvrière de Paris, emportée par une crise formidable de patriotisme, n'eût pas attendu les gendarmes: elle nous aurait tous fusillés sur place ». Enfin, il faut signaler que la conversion du socialisme et de la C G.T. fut facilitée par les concessions que le gouvernement fit aux intérêts ouvriers. Non seulement le ministre de l'Intérieur renonça à prendre contre les militants extrémistes, inscrits comme suspects sur les listes de la police, les mesures de précaution qui avaient été prévues pour le jour de la mobilisation, mais encore la mise en sursis d'appel d'un certain nombre de chefs syndicalistes, puis, lorsque l'industrialisation de la guerre s'accentua, le rappel des spécialistes et la mobilisation des ouvriers dans les usines achevèrent de sceller une entente que la politique des hauts salaires consolida. Ainsi le sentiment, la nécessité et l'intérêt s'accordèrent à orienter la classe ouvrière dans le sens de la participation à la défense nationale.

2. Les divisions et les scissions socialistes [40]. - Dès le début de la guerre pourtant, il y eut une petite minorité d'internationalistes irréductibles qui ne se laissèrent point entraîner par la vague de patriotisme. Durant l'automne de 1914, des réunions clandestines eurent lieu chez Pierre Monatte, qui était avant la guerre le rédacteur en chef d'une très intéressante revue syndicaliste : *La Vie Ouvrière*. Participaient à ces réunions Merrheim, Rosmer, le poète Martinet, Guilbeaux. Trotsky se joignit à eux après son arrivée, en novembre 1914. Dans ces réunions s'ébaucha le projet de création d'une nouvelle Internationale ; mais des divergences de vues ne tardèrent pas à se manifester entre Merrheim et Monatte d'une part, Trotsky de l'autre, et rien d'immédiat ne sortit de ces conciliabules. En 1915, apparaissent dans les fédérations socialistes départementales des manifestations d'un état d'esprit nouveau. La fédération de la Haute-Vienne envoie à toutes

---

[40]   J. Maxe, *De Zimmerwald au bolchévisme*, Ed. Bossard, 1920; H. Bourgin, *Le Parti contre la Patrie*, Plon, 1924 ; *Les organisations socialistes en France*, Brochure de l'Action Populaire, série sociale, no 51.

les autres un rapport dans lequel elle blâme l'attitude, à son sens chauvine, du Parti Socialiste. L'Isère, le Rhône et une importante minorité de la fédération de la Seine, dirigée par J. Longuet, se rallient à cette thèse. En septembre 1915, deux syndicalistes français se rendent à la conférence de Zimmerwald : Merrheim, des Métaux, et Bourderon, du Tonneau. Dit côté russe, Trotsky et Lénine sont parmi les assistants. Une longue discussion s'engage en marge de la conférence, entre Merrheim et Lénine. Lénine demande que les Français une fois rentrés chez eux déclarent « la guerre des masses contre la guerre ». Merrheim répond que cela est actuellement impossible et que c'est une action internationale du prolétariat contre la guerre qu'il convient de susciter. La résolution votée par la conférence, et à laquelle Lénine refusa de s'associer, la jugeant trop timide, affirme le caractère impérialiste de la guerre et la nécessité d'une paix sans annexion ni indemnité. Le texte de cet ordre du jour circula en France sous le manteau, répandu par les soins de la Fédération des Métaux, mais, de l'aveu de Merrheim, ne rencontra que peu d'écho. En avril 1916, une deuxième réunion internationale se tenait à Kienthal. Trois députés socialistes y assistaient : Brizon, Alexandre Blanc, Rallin-Dugens. La résolution adoptée est de même tonalité que celle de Zimmerwald, avec plus de précision: elle exige la fin immédiate de la collaboration socialiste au gouvernement et enjoint aux élus de ne plus accorder les crédits de guerre. De fait, les trois « pèlerins de Kienthal » refusèrent à partir de ce moment le vote des crédits. Ils furent désavoués officiellement par la, « Commission administrative permanente du Parti Socialiste », car le socialisme de défense nationale et de participation au pouvoir garde encore à cette date la majorité dans le parti ; mais les adversaires de cette politique, les « Minoritaires », comme on les appelle, ne sont plus une poignée comme en 1914, et bientôt ils vont devenir majorité. Leur victoire fut facilitée par une série d'événements qui s'accomplissent en 1917 et dont les principaux sont la chute du tsarisme et la révolution qui porte Kerensky au pouvoir, le projet d'une conférence internationale à Stockolm, pour laquelle le gouvernement français refuse d'accorder aux socialistes les passeports qu'ils sollicitent, le voyage en Russie de trois socialistes majoritaires. Lafont. Moutet et Cachin qui reviennent convaincus de la nécessité d'aller à la conférence, et enfin, en septembre, la formation d'un ministère auquel ne participe plus aucun socialiste. La réunion du conseil national du parti en juillet 1918 marque le triomphe définitif des internationalistes, que symbolise le remplacement de Renaudel par Cachin dans les fonctions de directeur de *l'Humanité.*

Jusqu'ici les dissentiments et les divergences s'étaient déroulés au sein d'un parti unifié. Dans l'après-guerre, ils s'aggravèrent pour aboutir finalement au morcellement du parti en plusieurs fractions âprement hostiles les unes aux autres. Une première scission se fait en 1919-1920, par la création du « Parti Socialiste Français » qui maintient dans son intégrité le principe de la défense nationale et du vote des crédits militaires et proclame la nécessité de réviser la charte d'Amsterdam et le pacte d'imité de 1905. Beaucoup plus grave devait être la dislocation de décembre 1920, qui entraîna la création du parti communiste. Celle-ci ne fut point la conséquence directe de la guerre et du conflit qui avait mis aux prises majoritaires et minoritaires. La guerre étant terminée, et la très grande majorité des socialistes étant décidés à remettre au premier plan l'idée internationaliste. il n'y avait pas, sur ce terrain, motif à un désaccord irréductible. Ce n'est pas non plus l'existence d'un courant révolutionnaire et d'un autre, réformiste, qui aurait suffi à elle seule à rompre l'unité, car ces courants existaient déjà dans le parti socialiste d'avant-guerre et il y avait autant d'écart, en 1914, entre Albert Thomas et Jules Guesde qu'il pouvait y en avoir en 1921 entre Renaudel et Marcel Cachin. La scission fut la conséquence de la seconde Révolution russe qui porta les bolcheviks au pouvoir. En janvier 1919, Lénine et Trotsky lançaient un appel aux communistes du monde entier, où ils constataient la faillite de la Deuxième Internationale et préconisaient son remplacement par une formation nouvelle. La question fut par là posée à tous les partis socialistes de savoir s'ils maintiendraient leur adhésion à l'Internationale II ou s'ils la donneraient à l'Internationale III. Au Congrès de Paris, en avril 1919, la majorité du parti socialiste est encore favorable à la Deuxième Internationale. Au congrès de Strasbourg, en février 1920, une énorme majorité décide le retrait de la Deuxième Internationale, mais écarte l'adhésion immédiate à la Troisième, espérant qu'entre l'une et l'autre pourra se constituer un groupement intermédiaire, que ses adversaires appellent par ironie « l'Internationale Deux et demie ». En fin, en décembre 1920, au congrès de Tours, l'adhésion à la Troisième Internationale est votée par 3 208 mandats contre 1 022. Une ardente campagne menée par Cachin et Frossard, au retour d'un voyage qu'ils avaient fait en Russie dans l'été 1920, contribua puissamment à obtenir ce résultat. Il faillit cependant être remis en question par la publication du texte des 21 conditions élaborées par le deuxième congrès de l'Internationale Communiste, et imposées à tout parti qui sollicitait son admission dans ses rangs, et par le message du comité exécutif de l'Internationale Communiste au Parti Socialiste Français, qui renfermait une âpre critique de l'attitude du parti. Le débat une fois terminé sur l'adhésion à la Troisième Internationale rebondit au sujet d'un télégramme de Zinovief qui s'exprimait d'une manière méprisante contre ceux que l'on appelait les « centristes » et, en particulier, contre leurs chefs, J. Longuet et Paul Faure. La majorité du congrès ayant refusé de voter l'ordre du jour demandé par les centristes, ceux-ci, accompagnés de la droite, se retirèrent et la scission £ut consommée. La gauche prit le nom de Parti communiste S.F.I.O. (Section française de l'Internationale Communiste). Le centre et la droite gardèrent le titre de « Parti Socialiste S.F.I.O. ». Depuis lors, un troisième parti Intermédiaire a été constitué en avril 1923, sous le nom d'Union Socialiste Communiste », par un certain nombre d'exclus du parti communiste [41]. Cette union n'a d'ailleurs dans la pensée de ses fondateurs qu'un rôle temporaire à jouer. Elle veut être le trait d'union qui aidera à réconcilier, quand les circonstances le permettront, socialistes et communistes. Aux élections de 1924, le parti socialiste S.F.I.O. a eu 104 élus, le parti communiste 26 et les socialistes communistes 5.

---

[41] L. O. Frossard, *La décomposition du communisme*, Les cahiers Jaurésiens, no 1.

3. La scission syndicaliste [42] . - L'évolution du syndicalisme, durant la guerre et dans l'après-guerre, a suivi une courbe comparable à celle du socialisme, mais avec un certain décalage. En 1918, alors qu'au sein du socialisme les internationalistes l'emportent, ils ne sont encore dans le syndicalisme qu'une minorité. Au Congrès Confédéral, qui se tient à Paris en juillet 1918, Merrheim, Bourderon, Monmousseau, Dumoulin dénoncent l'Union Sacrée et invitent la C.G.T. à rompre toute collaboration avec le gouvernement; Jouhaux, soutenu par Bartuel, Bidegarray, Savoie, se défend habilement. Au vote, les minoritaires se divisent. Merrheim, Dumoulin et Bourderon se séparent des extrémistes et se rallient à la résolution majoritaire, qui obtient finalement 908 voix contre 253.

De l'armistice (novembre 1918) à mai 1920, les majoritaires continuent de dominer à la C.G.T. Celle-ci, au lendemain de la guerre, représente une force sociale imposante. Ses effectifs dépassent deux millions de membres et l'on raconte que Clemenceau, au cours d'une conversation qu'il eut avec Marcel Laurent, secrétaire de la

---

[42] E. Martin St-Léon, *Les 2 C.G.T.*, Plon, 1923 ; P. Paraf, *Les formes actuelles du syndicalisme en France, Thèse* Paris, 1923 ; E. Cazalis, *Les positions sociales du syndicalisme ouvrier en France, Thèse* Paris, 1923 ; Paul-Louis, *Le Syndicalisme français, d'Amiens à St-Étienne, 1906-1922*, Alcan, 1924.

C.G.T., prononça ces paroles: « La France est aux prises avec des difficultés semblables à celles qui écrasaient il y a cent ans la noblesse. Aujourd'hui, c'est la bourgeoisie qui se montre incapable. L'heure du travail a sonné. » La C.G.T. était d'ailleurs invitée à désigner des délégués à la Commission des clauses ouvrières du Traité de paix, ce qui était en quelque sorte reconnaître en elle officiellement le porte-parole de la masse ouvrière. Le congrès national qui se tint à Lyon en septembre 1919 renouvelle sa confiance au Comité confédéral. En janvier 1920, Jouhaux est réélu secrétaire général. Le trésorier affirme avoir à, cette date délivré 2 400 000 cartes.

Le 30 avril 1920 éclate la grève des cheminots, qui marque le début d'une période nouvelle. La grève fut déclanchée, semble-t-il, par les cheminots sans accord préalable avec la C.G.T. ; mais celle-ci suivit le mouvement et, pour soutenir l'effort des cheminots, donna l'ordre de grève aux dockers, aux marins, aux mineurs, puis, le 8 mai, lança une seconde vague formée des travailleurs des métaux, du bâtiment et des transports en commun. Son appel fut très peu suivi et l'énergie du gouvernement, aidé des équipes des « Unions civiques », réussit à faire échouer la grève. Déjà grave en lui-même, cet échec devait l'être plus encore parce que la rancœur qu'il laissa aux vaincus envenima les dissensions intérieures du syndicalisme, rendit plus âpres les polémiques et finalement inévitable la scission. Les minoritaires, suivant une inspiration qui leur vint de Moscou, inaugurèrent dans le second semestre de 1920 la pratique du « noyautage » et créèrent les comités syndicalistes révolutionnaires (C.S.R.) chargés de battre en brèche les majoritaires par une critique incessante de leurs actes. Sentant le péril, les majoritaires décidèrent de s'opposer au noyautage et d'exclure les syndicats adhérents aux C.S.R. Les minoritaires s'insurgèrent contre cette décision et, en décembre 1921, convoquèrent de leur propre autorité un congrès extraordinaire. Malgré le veto mis par la C.G.T., 1528 syndicats sur 4 000 se rendirent au congrès et envoyèrent à la C.G.T. un ultimatum que celle-ci repoussa. C'était la rupture : en face de la C.G.T. les dissidents constituèrent la Confédération générale du travail unitaire (C.G.T.U.).

Au sein de la C.G.T.U., l'union ne dura pas longtemps et deux tendances opposées bientôt se firent jour: l'une, qui jusqu'ici a été la plus forte, centralisée et communiste, favorable à l'adhésion à l'Internationale syndicale révolutionnaire (I.S.R.), filiale de l'Internationale communiste ; l'autre, autonomiste et fédéraliste, qui reste fidèle à la Charte d'Amiens et entend que le syndicalisme ne soit pas lié d'une manière trop étroite à l'action et aux destinées d'un parti politique. En 1924, le conflit est devenu très aigu entre ces deux tendances.

Il n'est pas facile de savoir quels sont respectivement les effectifs des deux C.G.T. D'après Jouhaux, la C.G.T., en 1923, comptait 700 000 adhérents. M. Martin St-Léon estime ce chiffre exagéré et donne celui de 400 000 à 500 000 comme probablement plus proche de la vérité. La C.G.T.U., en 1923, prétendait compter 350 000 membres. M. Martin St-Léon donne une évaluation beaucoup plus faible : 150 000 à 175 000.

II. Les doctrines socialistes

tdm

1. Le socialisme français. - Déjà avant la guerre, un certain nombre de socialistes avaient conseillé l'abandon du marxisme et le retour intégral à la tradition française pré-marxiste. En 1887, Gustave Rouanet donnait à la *Revue socialiste* une série d'articles où il affirmait que la pensée de Marx était essentiellement anti-française, et que l'état de stagnation du socialisme en France, à l'époque où il écrivait, venait de ce que le marxisme, en s'introduisant chez nous, avait brisé notre tradition socialiste. « Nous avons le droit de réclamer, disait-il, au nom du génie français qui a tant fait pour l'affranchissement du monde, qui peut tant faire encore..., que les doctrines socialistes étrangères, qui, en somme, nous doivent tout, ne prétendent pas s'imposer chez nous dans la forme hautaine et méprisante affectée par Marx à l'égard de notre passé. » Mais cette tendance était restée isolée, et si certains socialistes ou syndicalistes avaient remis en honneur les pré-marxistes français et en particulier Proudhon, ils avaient généralement entendu - cela était très visible chez Sorel et Berth, comme aussi chez Jaurès -, concilier proudhonisme et marxisme et non effacer celui-ci an profit (le celui-là. Depuis 1914, la critique du marxisme s'est faite plus violente. Ed. Laskine, dans *Les socialistes du kaiser* [43] et dans *L'Internationale et le*

---

[43] Floury, 1915.

pangermanisme [44] , dénonce, ce qu'il dénomme le « pangermanisme de Karl Marx ». L. Deslinières écrit tout un volume sous ce titre significatif : *Délivrons-nous du marxisme* [45].

Mais ce rejet du marxisme ne constitue qu'une position négative. À quelle doctrine positive le socialisme français va-t-il se rattacher ? Dans un livre récent, un des chefs du « Parti Socialiste Français », Frédéric Brunet, Président du Conseil général de la Seine, indique les grandes lignes de cette doctrine [46]. Le socialisme de F. Brunet est patriotique. Rappelant les événements de 1914, l'auteur en tire cet enseignement que le capitalisme n'est pas le seul facteur des guerres et que, dans leur déchaînement, «le prosélytisme religieux ou politique, les haines et les préjugés nationaux ont une influence au moins égale ». D'où cette conclusion qu'il ne suffit pas d'un ordre de l'Internationale, encore faible, pour arrêter la mobilisation, et qu'il y a nécessité de veiller à la sauvegarde de l'indépendance nationale. D'autre part, Brunet explique que si, dans sa jeunesse, il avait foi en l'action révolutionnaire du prolétariat, aujourd'hui il est convaincu de la supériorité des méthodes réformistes.

---

[44] Floury, 1916.

[45] France-Édition, 1923.

[46] *Le Socialisme expérimental*, La Renaissance du livre, 192-1. Cf. aussi *les* articles de G. RENARD dans la *Revue Mondiale*, 1er mars 1921, *et* dans *Scientia*, 1er décembre 1921.

L'étude des sciences naturelles lui a montré le règne de la loi de l'évolution. La connaissance des organismes sociaux lui en a fait saisir la complexité. La vie politique et économique moderne lui a appris que la classe ouvrière a déjà réalisé des conquêtes très précieuses, que le capitalisme et le socialisme d'ores et déjà se pénètrent et qu'un jour viendra où, sans brusque secousse, le socialisme aura absorbé le capitalisme. Enfin l'expérience bolcheviste l'a éclairé sur la stérilité et les dangers d'une révolution violente et prématurée. Aussi Brunet se borne-t-il à dresser un programme de réformes. Il demande dans l'industrie quelques socialisations immédiates (mines, forces hydrauliques, transports et banques) ; il admet que pour le reste de l'industrie, pour le commerce, pour l'agriculture, subsiste l'entreprise privée, et il préconise l'encouragement par les pouvoirs publics de la coopération sous toutes ses formes. Il est à peine besoin de faire remarquer qu'un tel programme n'a plus rien de spécifiquement socialiste, et diffère à peine de celui de radicaux avancés.

Ed. Laskine a, de son côté, systématisé la doctrine du socialisme national [47]. Si nous nous attachons, dit-il, non pas à ce que nous voulons ou ne voulons pas, mais à ce qui est,

---

[47] *Le Socialisme national, La* Renaissance du livre, 1917.

nous nous apercevons que la classe ouvrière d'un pays donné est positivement intéressée à la sécurité et à la prospérité de ce pays, qu'elle a par conséquent avec les autres classes de la nation des intérêts communs. Invoquant l'expérience de la guerre, Laskine montre qu'en Belgique et dans la France septentrionale, les ouvriers non-combattants ont été atteints autant que les capitalistes dans leurs biens, leur travail et leurs personnes, et que la classe ouvrière d'un pays vaincu risque plus encore que les autres classes de supporter le poids de la défaite, sous la forme du chômage qu'entraînera l'appauvrissement de la nation. Il ajoute que, même si le régime socialiste était instauré, la distinction et l'opposition entre les économies nationales ne disparaîtraient pas pour autant, qu'au contraire, elles s'accentueraient du fait que les questions économiques se poseraient toutes sur le terrain national et que les transactions économiques internationales, se débattant entre États, auraient le caractère de négociations diplomatiques. La conclusion de cette démonstration, à laquelle s'ajoute une critique très fouillée du principe de la lutte des classes, c'est que la classe ouvrière est intéressée au maintien et au progrès de l'économie nationale, et que la solidarité nationale est quelque chose de plus réel et de plus profond que tous les antagonismes économiques et sociaux.

Ici encore, l'aboutissant de l'analyse est donc un abandon complet de la doctrine et de l'esprit socialistes, à moins que l'on ne dise qu'il y a du socialisme partout où il y a une volonté d'organisation, quel que soit le but que cette volonté se donne. Ch. Andler irait sans doute jusque-là, puisqu'il a trouvé « du socialisme vrai » dans Frédéric List, apôtre de la solidarité nationale de toutes les forces productives. Aussi bien Ch. Andler s'est-il déclaré favorable au socialisme national [48]. Mais n'est-ce pas se faire du socialisme une conception beaucoup trop large que d'y faire rentrer le nationalisme économique qui en est bien plutôt l'antithèse ! La vérité est que le socialisme national d'Ed. Laskine comme le socialisme expérimental de F. Brunet n'ont plus rien de spécifiquement socialiste. Au reste, il suffit d'évoquer l'évolution politique d'A. Millerand, A. Briand, A. Landry, H. Bourgin pour vérifier que la proposition que nous venons de formuler n'est point seulement théorique.

2. Le communisme. - L'idée centrale de la doctrine communiste est un internationalisme intransigeant qui

____

[48] *D'un nouveau socialisme national.* L'Information ouvrière et sociale, 23 juin 1918.

répudie en toute hypothèse et sans restriction l'idée de défense nationale et le sentiment patriotique, pour n'admettre que le sentiment de classe. Parmi les thèses adoptées par le premier congrès national du parti communiste qui se tint à Marseille en décembre 1921 [49], celle qui est relative « à, la défense nationale et à la question militaire » est exempte de toute ambiguïté. Elle déclare « qu'il ne peut se produire en régime bourgeois que des guerres d'agression ou de défense, capitalistes » et que c'est par conséquent un mensonge que de parler de défense nationale. Elle recommande de rappeler aux travailleurs sous les drapeaux, par une propagande énergique et active, « qu'ils n'ont de devoirs qu'envers leur classe » et qu'en cas de mobilisation générale, ils doivent employer tous les moyens de résistance, y compris la grève générale, pour précipiter la chute du régime capitaliste, « cause directe des guerres ». L'antimilitarisme du parti communiste connaît une seule exception : si le parti combat l'armée capitaliste, il admet par contre l'armement du prolétariat et veut préparer la classe ouvrière à l'idée qu'une fois la révolution accomplie, elle devra se militariser, à l'exemple de l'armée rouge de Russie, pour défendre ses conquêtes et assurer a l'inévitable dictature prolétarienne ».

---

[49] Cf. le numéro spécial du *Bulletin communiste* du 14 février 1923.

Comment s'explique cette attitude Et sur quel soubassement doctrinal repose-t-elle ?

A. Dunois, dans un *Préambule pour le programme du parti* [50], et R. Louzon dans une brochure *La déchéance du capitalisme* [51], en ont présenté la philosophie historique, que l'on peut qualifier de « néo-marxiste », car, pour une part, elle reprend et prolonge la doctrine développée par Marx et Engels dans le *Manifeste communiste* et, pour une part, elle la rectifie à la lumière des enseignements apportés par l'évolution économique du dernier demi-siècle, par la guerre de 1914 et par la révolution bolchévique de 1917.

A. Dunois et R. Louzon sont d'accord avec Marx et Engels pour dire que l'histoire des sociétés humaines n'est qu'une suite ininterrompue de luttes de classes, et que le régime capitaliste est destiné à disparaître par la révolte des forces productives contre le régime de propriété. Mais ils ajoutent que les progrès réalisés par le capitalisme depuis le milieu du XIXe siècle ont modifié sa structure organique et rendu à certains égards inexacte l'image que Marx s'en était faite. La

---

[50]   Bulletin communiste des 29 novembre et 6 décembre 1923.

[51]   Librairie du Travail, s. d. R. LOUZON a, depuis, quitté le parti communiste et collabore à une nouvelle Revue, *La Révolution prolétarienne*, qui se donne comme « syndicaliste-communiste ».

concentration des entreprises, qui n'était au temps de Marx qu'une exception ou une tendance, est devenue une réalité universelle. Au capitalisme industriel s'est superpose le capitalisme financier, monopole à la seconde puissance qui détient la clef de toute l'économie capitaliste. Débordant le cadre national, où il se trouvait trop à l'étroit, le capitalisme s'est lancé dans la politique des sphères d'influence. Comme l'a montré Lénine, il s'est mué en impérialisme. R. Louzon ne nie pas que cette expansion ait donné des résultats grandioses. Tandis qu'il y a un demi-siècle le capitalisme était presque exclusivement confiné dans l'Occident de l'Europe, aujourd'hui a il occupe la moitié du monde et règne sur l'autre moitié ». Mais le capitalisme périra de sa victoire même. Quand il s'est constitué, au début du XIXe siècle, des horizons immenses s'ouvraient à lui. L'Économie « était une immense arène, où il y avait plus de place que de monde »; aujourd'hui, on approche du moment où, l'univers entier étant conquis, les débouchés se fermeront ; déjà se tarit la source des grandes matières premières. De tous côtés, l'économie capitaliste est « coincée ». La guerre de 1914-1918 n'a été qu'un épisode de cette lutte pour la conquête des débouchés et des matières premières : on conçoit que ceux qui la voient sous cet angle accusent les socialistes qui ont dans les divers pays belligérants apporté leur concours à la défense nationale, d'avoir consciemment ou inconsciemment fait le jeu du capitalisme.

Dans son récent livre, *Guerre des États ou guerre des Classes* [52], Ed. Berth développe, avec sa virtuosité coutumière, une doctrine du même genre. La question essentielle qui se pose à l'heure actuelle, à son avis, est de savoir « (le quand l'on veut dater, du 2 août 1914 ou du 23 octobre 1917 ». Si l'on considère que la, date importante est celle du 2 août 1914, on tient pour la guerre des États ; on donne la primauté aux valeurs nationales sur les valeurs sociales;« on est fasciste ». Si l'on date du 27 octobre 1917, on tient pour la guerre des classes; on est communiste. Guerre des États ou guerre des Classes, le, dilemme est inéluctable. Car Ed. Berth écarte dédaigneusement la solution qui consisterait à rejeter à la fois l'une et l'autre et à désirer la paix internationale et sociale. Vouloir la paix absolue, c'est, à son sens, se retrancher de l'existence, « car vivre, c'est combattre ; c'est non seulement résister, mais c'est attaquer et chercher à se répandre. à triompher ; la vie est essentiellement expansion, conquête, impérialisme, annexion, rayonnement et, si possible, victoire ».

---

[52] Rivière, 1924. Cf. aussi : La *France au milieu du monde*, Turin, Gobetti, 1924, étrange brochure où Ed. Berth *explique que* la lutte est toujours et plus que jamais entre Rome et Carthage : Carthage c'est la ploutocratie anglo-saxonne ; Rome, c'est la coalition germano-russe, à laquelle, Ed. Berth espère que viendra se joindre le prolétariat franco-italien.

Puisqu'il faut donc choisir entre deux formes de guerre, pour laquelle optera-t-on ? Ed. Berth n'hésite pas ; c'est la guerre des Classes qui a ses préférences. Elle seule lui paraît capable d'engendrer le sublime. La guerre de 1914 lui semble avoir montré jusqu'à l'évidence qu'une lutte entre États « est dépourvue désormais de tout prestige, de tout lustre ». La victoire de l'Entente, quelque effort que l'on ait fait pour la représenter comme le triomphe de certaines idées nobles, n'a été que la victoire d'une ploutocratie démagogique ; la bourgeoisie de l'Entente a vaincu la noblesse prussienne, « la dernière noblesse d'esprit féodal qui subsistât en Europe ». La guerre des classes au contraire - et ici Ed. Berth reprend un des thèmes favoris de Georges Sorel - peut revêtir un caractère épique si le monde ouvrier, se ramassant et se concentrant tout entier autour du principe de la lutte des classes, déclare nettement la guerre au monde bourgeois. L'humanité qui a connu naguère l'ordre féodal, qui connaît aujourd'hui l'ordre bourgeois, connaîtra, grâce à la guerre des classes, l'ordre prolétarien, « dont toute l'histoire moderne est en gestation et qui, dans une synthèse supérieure, sublimera le héros et le saint, le noble et le bourgeois dans la personne du travailleur social ».

En ce qui concerne la tactique de combat, le communisme a créé un instrument nouveau : la cellule d'usine [53]. Les communistes ont remarqué que, tous les jours, dans chaque entreprise, le régime bourgeois rassemble tous les prolétaires pendant 8, 9, 10 heures et parfois davantage. La cellule d'usine va utiliser ce « meeting quotidien de production capitaliste » pour en faire un « meeting d'agitation communiste et révolutionnaire ». À cet effet, les communistes employés dans un même établissement industriel formeront un petit groupement généralement clandestin. Ils se donneront comme tâche de gagner à la cause les ouvriers de l'établissement, et se serviront, à cette fin, de tous les moyens de propagande : propagande directe d'ouvrier à ouvrier dans l'atelier, conférences faites aux heures de sortie dans le voisinage de l'usine, publication d'un journal polycopié ou dactylographié où seront commentés les faits marquants de la vie de l'usine, etc.

On saisira mieux l'originalité de cette méthode si on se rappelle que le socialisme et le syndicalisme d'avant-guerre n'avaient point avec l'usine de contact direct. La base de l'organisation du parti socialiste, c'était la « section » qui réunissait tous les socialistes habitant la même localité ou,

___

[53] *Cf. le Bulletin communiste* du 4 avril 1924 et *l'Information sociale* du 11 décembre 1924.

dans les villes, un même quartier. Quant au syndicat, il était la réunion de tous les ouvriers appartenant dans une localité donnée à une certaine spécialité professionnelle. Dans les deux cas, les ouvriers de diverses usines étaient réunis en un groupe unique. Au contraire, avec l'organisation nouvelle, il y aura autant de cellules que d'usines, ces cellules étant ensuite fédérées par quartier et par ville sous forme de « rayons ». Il serait intéressant de rapprocher l'institution des cellules d'usines de celle des « comités d'usine » et des a conseils d'atelier ». On sait que, depuis la guerre, dans tous les grands pays, sont nés des groupements de ce genre, qui prétendent associer la masse des ouvriers de l'usine, par l'intermédiaire de délégués élus, soit à la gestion de l'entreprise, soit à la fixation du statut du travail, soit au mécanisme de l'embauchage et des renvois [54]. Les syndicats n'ont pas toujours vu d'un oeil favorable le développement de ces comités et conseils dont ils craignaient qu'il ne se fit au détriment de leur autorité. Les communistes, au contraire, en accueillent avec plaisir la création et ils espèrent que la cellule communiste, même quand elle ne comprendra qu'une petite minorité des ouvriers de l'entreprise, réussira à faire élire ses membres au comité

____

[54] Cf. Gaëtan Pirou, *Le contrôle ouvrier sur la production*, Revue d'Économie politique, 1922.

d'usine et, par là, à imprimer à celui-ci un esprit plus révolutionnaire que celui du syndicat.

3. Le socialisme S.F.I.O. - Les socialistes demeurés fidèles à l'ancien parti unifié d'avant guerre s'efforcent de rester dans la ligne de la, pensée de Jaurès et fondent leur foi collectiviste sur des arguments à la fois économiques et rationnels. Dans un article de la *Revue de Paris* [55] - vite célèbre parce que R. Poincaré le discuta dans une de ses harangues dominicales - Léon Blum présente le socialisme comme l'aboutissant de l'évolution économique. D'après lui, les lois internes du développement de la société actuelle l'inclinent vers une société à propriété collective, laquelle « est préformée dans le régime capitaliste comme l'enfant dans le ventre de sa mère ». Mais Léon Blum n'insiste pas très longtemps sur cet aspect du socialisme ; il développe au contraire copieusement les arguments de raison et d'équité qui rendent souhaitable son avènement. L'injustice de la société actuelle vient, dit-il, non du fait de l'inégalité des conditions, mais de ce que cette inégalité n'est point parallèle à l'inégalité des mérites personnels. Et cette

---

[55] 1er mai 1924.

absence de parallélisme tient à ce que l'égalité au point de départ n'existe pas entre les hommes ; la situation est faussée par le fait que certains individus se trouvent à leur naissance propriétaires d'un capital « talisman magique, dont la présence ou l'absence transforme notre vie tout entière ». En supprimant cette, inégalité, le socialisme permettra de placer chaque travailleur au poste que lui assigneront ses aptitudes, reconnues et cultivées par l'éducation commune. Et Léon Blum affirme que la socialisation des moyens de production entraînera un accroissement très sensible du bien-être matériel, par la possibilité qu'elle donnera d'ordonner le travail humain comme une usine où la tâche de chacun se placera dans un programme d'ensemble. Il ajoute que le socialisme déterminera aussi un épanouissement intellectuel et moral, en ce qu'il ouvrira à tous les hommes les trésors des sciences et des arts, et transformera la condition de la femme et de l'enfant.

Comme Jaurès, Léon Blum se refuse à abandonner l'idée et le mot de Révolution. « Nous demeurons, dit-il, un parti révolutionnaire, en ce sens que des réformes totalisées ne parviendront jamais, selon nous, à transformer ce qui est l'essence et le cœur de la société actuelle, c'est-à-dire le régime même de la propriété. » Déjà, dans le discours qu'il prononçait au congrès de Tours en 1920, Léon Blum déclarait que « le passage d'un ordre de propriété à un régime économique essentiellement différent ne sera pas le résultat d'une série de réformes additionnées... mais qu'à un moment donné, quand ou en sera venu à la question essentielle, au régime de la propriété, il faudra une rupture de continuité, un changement absolu, catégorique ». Mais cela n'empêche pas Léon Blum d'admettre et de développer un programme de réformes ; car il y a des réformes révolutionnaires qui rapprochent de la société de demain ; et comme le socialisme sera l'héritier du capitalisme, la prudence lui commande de veiller à ce que l'héritage qu'il recevra un jour ne soit pas dilapidé. Le socialisme contribuera donc pour sa part à mettre le pays en état de production intensive, a assurer aux individus des conditions de vie et de travail suffisantes et, quand il faudra trouver les ressources pour alimenter cette politique, proposera des mesures fiscales « un peu brutales, mordant peut-être durement sur la richesse acquise ».

Sur le problème international, Léon Blum prend aussi une position synthétique qui se distingue de celles, plus unilatérales, des socialistes français ou des communistes [56].

---

[56] Cf. son *Commentaire sur le programme d'action du Parti Socialiste*. Brochure, 1919.

Il se déclare internationaliste, pense qu'en l'état présent de l'évolution des sociétés, les intérêts vrais d'une nation ne sauraient être contraires aux intérêts de toutes les autres et que l'installation du socialisme international est le seul moyen de conjurer les guerres. Mais, en même temps, il proclame qu'il peut y avoir, en certains cas, pour une conscience socialiste un devoir national, et que ce serait une erreur de vouloir supprimer les nations : il faut « les asseoir au foyer commun comme des sœurs autour de l'âtre, chacune avec son génie propre et son visage familier ».

Seulement, si la doctrine reste ainsi très proche de celle de Jaurès, l'ambiance qui l'entoure n'est plus la même. Tandis que Jaurès parlait au nom d'un parti unifié qui réunissait en un seul faisceau les nuances diverses du socialisme, et qu'ainsi à la largeur de la pensée correspondait l'ampleur du mouvement, aujourd'hui le parti socialiste S.F.I.O. ne renferme plus qu'une partie des anciennes troupes socialistes et, en s'en allant, les communistes ont emporté l'élément le plus ardent, le plus enthousiaste, le seul vraiment révolutionnaire. Coupé de son aile gauche, le parti socialiste fut fatalement amené à s'infléchir vers sa droite; des raisons de tactique électorale l'amenèrent à se rapprocher des partis bourgeois avancés et

à former avec eux un cartel pour les élections de mai 1924 ;
puis, quand ce cartel eut triomphé, à devenir un des
éléments de la majorité gouvernementale. Et s'ils n'ont pas
accepté jusqu'ici de participer au pouvoir, les socialistes, du
moins, mettant en sommeil un des articles du Pacte d'Unité
de 1905, ont décidé de voter le budget. En sorte que, si le
programme socialiste est resté, sur le papier, synthétique et
équilibré, en fait, toute une partie de ce programme, celle
qui correspond à l'idée de lutte de classes et de révolution,
ne subsiste plus guère que comme un décor. En dernière
analyse, on peut dire que, depuis la rupture de l'unité
socialiste, aucun des fragments du miroir brisé ne reflète
plus intégralement le socialisme de Jaurès.

III. Les doctrines
syndicaliste et coopérative

Le syndicalisme s'est, lui aussi, disloqué dans l'après-guerre ; mais avant que cette dislocation ne se fît, la C.G.T. avait connu une période brillante et avait pu croire proche le moment où il lui serait loisible de faire passer ses conceptions dans la réalité. Elle avait été amenée alors à se départir de son intransigeance d'avant-guerre, à élargir ses idées et ses méthodes. Les divisions syndicalistes ont empêché cet effort d'assouplissement de donner ses fruits. Mais peut-être mûriront-ils dans l'avenir, si l'unité syndicale se reconstitue un jour.

L'évolution du syndicalisme s'est marquée principalement par deux innovations : l'une relative aux cadres de l'action : c'est le Conseil économique du travail l'autre relative au programme de réorganisation sociale c'est la nationalisation industrialisée [57].

---

[57] Cf. Maxime Leroy, *Les techniques nouvelles du syndicalisme*. Garnier, 1921 ; L. Jouhaux, *Le syndicalisme et la C.G.T.* Édition de la Sirène, 1920 ; R. Franck, *Le Travail au Pouvoir*. *Éd. de la* Sirène, 1920 ; G. Scelle, *Le Droit ouvrier, Coll. A. Colin,* 1922 ; H. Dubreuil, *La République industrielle*. Bibliothèque d'éducation, 1924.

1. L'extension des cadres d'action : le Conseil Économique du Travail. - L'idée qui a inspiré la création du C.E.T. est que le syndicalisme ouvrier, avec ses effectifs accrus d'après-guerre, peut et doit jouer dans la nation un rôle économique qui déborde les revendications purement professionnelles. Le syndicalisme est en mesure désormais de poser sa candidature à une part de l'administration de la chose publique. Mais, s'il veut se mettre en mesure de réaliser l'objectif nouveau qu'il se propose, il lui faut se dépouiller de son exclusivisme d'antan. Le Conseil Économique du Travail, qui devait être l'organe et l'instrument de cette action élargie, fut créé sur l'initiative de la C.G.T., en janvier 1920, au lendemain de l'échec des démarches faites par elle auprès du gouvernement, en vue de l'institution d'un Conseil National Économique qui aurait eu mission d'examiner toutes les questions que posait le retour de l'état de paix. Outre les représentants de la C.G.T., le C.E.T. comprenait trois catégories de membres : des fonctionnaires, des techniciens, des coopérateurs. L'appel aux fonctionnaires était la manifestation du rapprochement qui s'était effectué au lendemain de la guerre entre ouvriers et fonctionnaires. « Nous demandons aux fonctionnaires, disait Jouhaux, de nous apporter avec leurs forces leur compétence professionnelle et leurs idées, et de collaborer avec nous pour déterminer les formes générales de l'ordre nouveau.» Le recours aux techniciens implique que l'on reconnaissait l'impossibilité d'organiser la production d'une manière viable sans prendre l'avis des directeurs et employés techniques. Parlant d'eux, Jouhaux déclarait : « Leur place est avec nous, non pas une place diminuée, ni secondaire, ni accessoire.... mais sur un rang pareil à ceux des autres éléments et avec l'importance qui revient au rôle social qu'ils ont à jouer avec nous. » Enfin, la représentation dans le C.E.T. de la Fédération nationale des Coopératives montre que l'on admettait que les consommateurs expriment et traduisent l'intérêt général mieux que les producteurs attachés à une profession particulière, et portés à voir toutes choses sous l'angle de cette profession et des intérêts qu'elle représente.

2. L'assouplissement du programme : la nationalisation industrialisée. - Sous l'influence de ces éléments nouveaux, la doctrine syndicaliste a tout naturellement subi de profondes transformations qui en ont nuancé les contours. Oit continue à réclamer la nationalisation des grandes branches de l'activité économique, c'est-à-dire le transfert de leur propriété à la nation tout entière. Mais comme l'État s'est révélé un mauvais industriel et un mauvais commerçant, comme l'expérience du temps de guerre est venue sur ce point confirmer et accentuer les critiques que l'on peut adresser à l'étatisme économique, on ajoute qu'il conviendrait de donner aux entreprises socialisées une gestion industrielle et non bureaucratique, à laquelle seraient associés, à côté des représentants de l'État proprement dit, les agents et les clients du service socialisé. Le C.E.T. s'est employé en 1920 à mettre sur pied des projets concrets de nationalisation industrialisée pour les mines, les chemins de fer, les sources d'énergie électrique et les P.T.T. Si l'on fait abstraction de détails techniques, qui varient d'un service à l'autre, le schéma du régime proposé est aisé à décrire. La propriété des entreprises nationalisées appartient à la collectivité, laquelle remet aux anciens exploitants capitalistes expropriés une indemnité de rachat sous forme d'obligations amortissables en 50 ans au plus. La collectivité constitue un capital d'exploitation qui sera à la disposition de l'organisme de gestion. À la tête de cet organisme se placera un conseil d'administration composé de trois catégories de membres, en nombre égal : des représentants des agents du service (main-d'œuvre et techniciens), des représentants des clients du service (dont la moitié serait déléguée par les coopératives de consommation et l'autre moitié par les usagers industriels), des représentants de la collectivité. Ce conseil d'administration aurait des pouvoirs très étendus : c'est lui qui dresserait le budget, nommerait et révoquerait le personnel, fixerait les conditions du travail, « d'accord avec les organisations ouvrières ». Le service jouirait d'une autonomie administrative et financière complète, sous réserve de l'obligation de fournir certaines redevances fixes à l'État et d'assurer le service des obligations remises aux anciens propriétaires. La collectivité n'exercerait qu'un simple contrôle financier sur la régularité des comptes et l'exactitude des bilans. Quant aux prix des produits fournis par l'entreprise, ils seraient généralement calculés de manière à laisser entre le coût de l'exploitation et le total des recettes brutes une marge de bénéfices, sauf au cas où la collectivité estimerait que l'exploitation doit fonctionner à prix coûtant ou à perte, pour permettre une plus large satisfaction des besoins. En aucun cas le bénéfice ne serait distribué au personnel. On en ferait généralement trois parts. La première servirait à amortir le capital, la deuxième à développer les installations et l'outillage, la troisième serait mise en réserve pour parer aux aléas et aux besoins futurs.

Le C.E.T. est tombé en sommeil en 1921, victime de la scission ouvrière et de la crise économique qui entraînèrent l'ajournement des grands projets de transformation sociale ; mais l'idée a repris corps et vie en 1924-25 sous la forme du Conseil National Économique [58]. Il faut du reste reconnaître que, malgré l'effort de précision concrète fourni par le C.E.T., les projets qu'il édifia ne Font pas encore complètement au point et appelleront sans doute bien des retouches, si on veut demain les mettre en pratique. Leur intérêt réside surtout dans l'esprit qui les a dictés. Ils révèlent que le syndicalisme a dépassé l'étape de l' « ouvriérisme », qu'il ne considère plus l'ouvrier manuel comme l'agent et le bénéficiaire exclusif du régime économique nouveau, mais simplement comme un élément parmi d'autres, une force parmi d'autres, et qu'il se rend compte que le véritable problème est celui de l'ajustement, de la combinaison dé, toutes ces forces en un tout harmonieux.

3. La doctrine coopérative. - Sous la forme très séduisante que lui avait donnée Charles Gide [59], le « coopératisme » s'opposait au socialisme autant qu'à

---

[58] Cf. G. Scelle, *Le Conseil national économique*. Revue Politique et Parlementaire, octobre 1924.

[59] *Coopération*, Tenin, 4e éd. *1922*.

l'individualisme. Ch. Gide, dans une conférence faite à Lyon en 1886, reprochait au collectivisme de prétendre à remplacer la propriété individuelle par la propriété collective, alors que « tous les instincts et toutes les énergies de notre peuple tendent vers l'acquisition de la propriété individuelle ». Il estimait que le jour où le collectivisme marxiste avait triomphé en France, le parti ouvrier avait été entraîné par lui « à la poursuite d'un but contraire à ses véritables aspirations et à ses résultats pratiques ». Par ailleurs, Charles Gide pensait que la coopération, à elle seule, serait capable de transformer l'ordre économique et espérait que, par l'association libre des consommateurs et des ouvriers coopérateurs, le mode capitaliste de production pourrait être peu à peu éliminé. La coopération lui paraissait apporter dans la vie économique un principe nouveau que symbolisait l'abolition de la poursuite du profit.

Si nous comparons à la conception de Charles Gide les essais récents d'Ernest Poisson et Bernard Lavergne, nous constaterons que la doctrine a beaucoup évolué. Elle est devenue plus modeste, et cette modestie est la conséquence même des succès incontestables que depuis un demi-siècle la coopération a remportés dans la vie économique. Pour avoir étudié et suivi de près le développement et les méthodes des grandes coopératives de consommation, B. Lavergne [60] s'est aperçu qu'elles n'ont pas aboli le profit, qu'au contraire elles cherchent à ménager la marge de gain la plus grande possible entre leur prix de revient et leur prix de vente, et qu'elles ne peuvent vivre et prospérer qu'à cette condition. B. Lavergne reconnaît aussi qu'envisagée sous le rapport de sa technique commerciale et industrielle, la coopération modifie assez peu le capitalisme. Coopérateur fervent, B. Lavergne pense que les coopératives sont un mode d'organisation économique supérieur au capitalisme [61], mais non l'incarnation d'une morale d'altruisme et de dévouement qui remplacerait l'intérêt personnel comme mobile d'action économique. Enfin, B. Lavergne avoue sans ambages qu'il serait parfaitement chimérique d'espérer que, d'elles-mêmes, par la seule expansion de l'association libre des consommateurs et des producteurs, les coopératives s'étendront à l'ensemble de la grande industrie.

Quant à E. Poisson [62], il voit dans la coopération le meilleur moyen de réaliser le socialisme. Dans son petit

---

[60] Les coopératives de consommation, Collection Armand Colin, 1923.

[61] Parce que réalisant la démocratie économique, Cf. son article: *La Doctrine Coopérative et la Politique des Consommateurs*, Revue des Études Coopératives, juillet 1924.

[62] La République coopérative, Grasset, 1920.

livre Socialisme et Coopération [63], Poisson montre que pour le Socialisme se posent deux questions distinctes : celle de la propriété et celle de la gestion (rappelons que c'est là une distinction qui avait été déjà faite, naguère, par les auteurs du Socialisme à l'œuvre). Une fois la propriété socialisée, on en pourra confier la gestion, soit à des fonctionnaires, soit aux producteurs, soit aux consommateurs. Les préférences de Poisson vont à la dernière solution ; au socialisme politique et au socialisme des producteurs, il préfère le socialisme des consommateurs. Mais Poisson envisage aussi l'éventualité d'une gestion mixte à laquelle collaboreraient des représentants des producteurs, des consommateurs et de l'État. Il n'en rejette pas l'idée et demande seulement que, dans le dosage des trois éléments, la prépondérance soit donnée aux consommateurs. C'est aussi à l'idée d'une gestion mixte qu'aboutit en dernière analyse B. Lavergne, puisqu'il propose de créer des coopératives publiques ou régies-coopératives, qui recevraient leurs capitaux, au moins pour partie, de l'État et des villes, et seraient gérées par un conseil d'administration dont le tiers des membres serait nommé par l'État, le tiers par les consommateurs individuels, le tiers par les consommateurs industriels. Quelques sièges aussi (on ne dit pas sur quel tiers ils seraient

---

63 Rieder, 1922.

pris) seraient attribués aux représentants du personnel, afin de leur donner un droit de regard sur la gestion.

On sent bien qu'il n'y a point concordance parfaite entre les -vues de ces théoriciens coopérateurs et celles de la C.G.T. Poisson rejette d'ailleurs expressément les projets de nationalisation industrialisée préparés par le C.E.T., auxquels il reproche de faire la part trop grande aux producteurs. Il n'en reste pas moins que le fossé qui existait naguère entre, socialisme et coopératisme, entre syndicalisme et coopération est maintenant en partie comblé. Ce ne sont plus que des questions de nuances et de dosage qui séparent syndicalistes et coopérateurs, parce que les uns et les autres ont compris, à la lumière de l'expérience, qu'ils devaient tempérer l'absolu de leur doctrine primitive.

4. Technique et Mystique. - À première vue, les dissensions qui ont déchiré dans l'après-guerre le socialisme et le syndicalisme peuvent sembler justifier la thèse de ceux qui, avant la guerre, prêchaient l'autonomie du syndicalisme et, pour la garantir, avaient fait voter la Charte d'Amiens. Ne peut-on pas dire que la scission syndicaliste ne se serait pas faite si le socialisme n'avait porté dans le mouvement ouvrier un ferment de discorde ; et puisqu'il est aujourd'hui reconnu par tout le monde que la scission syndicaliste a fâcheusement affaibli la classe ouvrière, n'est-on pas fondé à conclure qu'il est de l'intérêt du syndicalisme de se tenir à l'écart de toute position politique ?

Pourtant l'évolution même du syndicalisme en ces dernières années a mis à nu l'impossibilité pour lui de conserver une indépendance complète. Ainsi que le dit, en termes vigoureux, la « Thèse sur la politique syndicale » adoptée par le premier congrès national du parti communiste, le syndicalisme ne saurait prétendre ni suffire à tout, ni se suffire à lui-même, et la révolution sociale, si elle est un jour possible, ne pourra se faire que « par l'accord intime. la collaboration étroite de l'organisation politique et de l'organisation économique ». En fait, la liaison entre le bureau de la C.G.T.U. et le parti communiste est très intime. Elle ne l'est pas moins entre la C.G.T. et le parti socialiste S.F.I.O., et récemment Remy Roure [64] était en droit d'écrire: « On peut prévoir le jour où l'organisation ouvrière deviendra en France ce qu'elle est déjà en Belgique, en Angleterre, en Allemagne : un groupement, sinon unique du

---

[64] *Le syndicalisme, fonction du mouvement politique*, Information sociale, 24 juillet 1924.

moins intimement lié, des syndicats et des partis politiques socialistes. »

Cette liaison a une cause profonde. S'il est vrai de dire que l'organisation des ouvriers et l'association des consommateurs fournissent les ébauches de ce que l'on a appelé « le socialisme des institutions », en ce qu'elles disciplinent les masses et font leur éducation économique, c'est, me semble-t-il, une erreur que de vouloir tirer du syndicalisme ou de la coopération une doctrine qui se suffise à elle-même. Les progrès mêmes des techniques syndicales et coopératives montrent bien que ces techniques, en tant que telles, peuvent être mises au service d'idéals très différents. L'histoire des faits et des idées de ces dernières années nous en apporte au surplus deux preuves significatives. La Chambre des députés de 1919-1924 n'était certes aucunement socialiste. Elle n'avait aucune tendresse pour les idées avancées. Cela ne l'a pas empêchée de voter à la quasi-unanimité, en 1921 et en 1923, pour l'aménagement du Rhône, pour la fabrication de l'ammoniaque et le traitement des potasses, un régime où l'on retrouve, comme l'a remarqué Lavergne, les traits caractéristiques de la régie coopérative. Les gouvernements qui ont préparé ces projets et le Parlement qui les a votés n'ont point voulu faire et n'ont point fait de socialisme ; ils ont simplement utilisé les techniques nouvelles sur le plan de l'économie nationale.

De même, la petite phalange de financiers, d'hommes d'affaires et d'intellectuels qui en 1920 créa la revue *Le Producteur* n'était point socialiste. Elle se plaçait sous l'égide de Saint-Simon, mais elle retenait du Saint-Simonisme la partie proprement économique, bien plutôt que les théories sociales. Son apologie du « producteur » rendait un tout autre son que celle de Georges Sorel, car, pour elle, le producteur, ce n'était plus l'ouvrier manuel de la grande industrie, mais le chef d'entreprise, le lanceur d'affaires et le conducteur d'hommes, et par là elle se rapprochait de la doctrine individualiste. Cependant, les adeptes de ce mouvement firent montre d'une sympathie marquée à l'égard des techniques nouvelles du syndicalisme et de la gestion tri-partite ; ils suivirent avec un intérêt bienveillant les travaux du C.E.T. et songèrent à étendre l'idée syndicaliste aux épargnants, de façon à leur donner, par le groupement, assez de puissance pour leur permettre de se subordonner les banques, qui aujourd'hui leur font la loi.

De tout ceci on peut tirer deux conclusions opposées. Les uns diront qu'il convient de dissocier les techniques nouvelles, assouplies et perfectionnées, des mystiques demeurées unilatérales et intransigeantes, qui divisent les individus et compliquent les problèmes jusqu'à les rendre insolubles. C'était, semble-t-il, l'opinion du *Producteur*, qui se refusait à proposer un idéal, à développer un programme politique, et se cantonnait strictement sur le plan technique et matériel. C'est aussi l'avis clé M. Leroy, commentateur intelligent et averti du syndicalisme, qui se défie des théories et des doctrines et préconise le doute méthodique et l'attitude expérimentale. Mais il ne me paraît pas que ce soit en ce sens que l'évolution se dirige. À mesure que les techniques, en s'assouplissant, perdent de leur netteté et peuvent devenir les servantes d'idéals divers, la nécessité devient plus impérieuse, pour ceux qui aspirent à une transformation sociale profonde, de les subordonner à un idéal pris en dehors d'elles [65]. Cet idéal est parfois d'ordre national et nous verrons par la suite comment G. Valois a essayé de souder le syndicalisme intégral à une mystique nationaliste. Le plus généralement, il est d'ordre social, et les formations ouvrières ou coopératives s'accrochent, suivant leurs tendances, à celui des tronçons de la mystique socialiste pour lequel elles se sentent le plus d'affinité. Elles sont entraînées par là - et c'est le point noir de la situation

---

[65] M. Charles Gide, lui-même, en fait l'aveu lorsqu'il écrit : « Il est naturel que la coopération porte le bonnet rouge en Russie comme la chemise noire en Italie. » *Le programme coopératiste et les écoles socialistes*, 3 leçons du Cours sur la Coopération au Collège de France, janvier 1924, p. 39.

présente - dans les luttes et les divisions du socialisme. Mais si elles s'en tenaient à l'écart, elles risqueraient de perdre toute ardeur combative et toute puissance de transformation : de deux maux, elles choisissent encore le moindre.

Livre II

Les doctrines individualistes

Les doctrines économiques en France depuis 1870

Livre II : Les doctrines individualistes

Introduction.

La structure générale de l'individualisme :

Clément Colson, A. Deschamps

Avant d'aborder l'exposé des thèses individualistes contemporaines en ce qu'elles ont de divers et de variable, il sera bon de donner une esquisse de ce qu'il y a de commun entre elles. Si nous nous reportons à l'exposé concis et synthétique qu'en donne Clément Colson, un de ses plus éminents représentants, dans *Organisme économique et désordre social* [66], ou aux brillantes leçons consacrées à la défense de l'individualisme économique par A. Deschamps dans son cours à la Faculté de Droit de Paris, nous pouvons résumer de la manière suivante la structure de la doctrine.

Le principe fondamental, c'est que le libre jeu des lois économiques naturelles est, de tous les régimes possibles, celui qui donne pour la société les résultats les moins mauvais -principe qui découle, disent les Individualistes, de l'étude des faits éclairés par les analyses de la science.

---

[66] Flammarion, 1912. [Cette oeuvre est disponible, en version intégrale, sur les site web, <u>Les Classiques des sciences sociales</u> – JMT.] Cf. aussi son grand *Cours d'Économie Politique,* Gauthier-Villars et Alcan, 6 volumes.

Si l'État laisse fonctionner librement le mécanisme économique, chaque individu cherchera à satisfaire son intérêt personnel et à obtenir le maximum de rendement avec le minimum d'efforts. La juxtaposition et la rencontre de ces efforts individuels vont réaliser spontanément l'harmonie sociale. L'intérêt personnel de chaque individu le poussera en effet à prendre, de toutes les occupations qui s'offrent à lui, celle qui lui procurera la plus forte rémunération. Mais comme les autres hommes consentiront à payer ses services et ses produits d'autant plus cher qu'ils les jugeront mieux adaptés à leurs besoins, chaque travailleur sera tout naturellement conduit à rechercher et à s'efforcer de combler les goûts des autres individus. Plus son désir égoïste de gain et de jouissance sera grand, plus il sera incité à satisfaire le besoin social.

L'harmonie économique spontanée nous apparaîtra, plus profonde encore si nous tenons compte de ce que, dans la société, ce n'est pas un individu, mais une, multiplicité d'individus, mus chacun par leur intérêt personnel, qui s'attachent à satisfaire les divers besoins sociaux. Entre ces individus joue la concurrence. Celui qui aura le mieux réussi à adapter son produit au besoin sortira victorieux de la lutte, puisque c'est à lui qu'à égalité de prix les consommateurs s'adresseront. Chaque producteur sera ainsi contraint par le jeu du mécanisme économique, et indépendamment de toute intervention d'une autorité quelconque, à tendre d'une manière continue son activité dans le sens de l'amélioration de la qualité des produits ou de la réduction de leur coût de revient. L'esprit d'invention et de combinaison sera, de cette manière, constamment tenu en éveil. Et sans doute le producteur, naturellement égoïste, tentera de conserver pour lui le bénéfice de ses inventions, mais il ne le pourra que temporairement, parce que ses concurrents, à leur tour, feront des découvertes analogues, qui lui enlèveront l'avantage qu'un moment il avait pris sur eux. Si, clans une branche particulière de production, le petit nombre des produits offerts par rapport à la demande permet aux vendeurs de maintenir leurs prix sensiblement au-dessus du coût, et de réaliser un profit exceptionnel, l'appât de ce profit ne manquera pas de déterminer un afflux de capitaux et de producteurs nouveaux, jusqu'au moment où l'accroissement des quantités produites déclanchera la baisse des prix et la disparition du profit exceptionnel. À l'inverse, si dans une branche de production les quantités offertes sont supérieures au besoin social, la surabondance des offres déprimera les cours ; les prix tomberont au-dessous du prix de revient, laissant les producteurs en perte ; un certain nombre d'entre eux abandonneront alors cette branche de production pour en chercher une plus favorable. Dans tous les cas, le déséquilibre entre la production et la demande se corrigera automatiquement.

Finalement donc, le jeu de l'intérêt personnel, dans un milieu de libre concurrence, assure à la fois l'équilibre économique (puisqu'il adapte à tout instant la production au besoin) et le progrès social (puisqu'il oblige tous les producteurs à se mettre en quête de perfectionnements techniques et donne la palme aux plus habiles). Et la justice est, elle aussi, satisfaite puisque l'échange des produits et des services se fait sur la base de l'équivalence en utilité, en sorte que chaque individu reçoit de la société l'exacte contre-partie de son apport social.

La démonstration que nous venons de résumer n'est point neuve, et n'a point la prétention de l'être. Les éléments en sont empruntés aux grands économistes classiques, anglais et français, et les individualistes se font gloire de ce que leur doctrine est ainsi en étroite liaison avec les théories économiques traditionnelles. Mais ils ont été amenés, par les polémiques qu'ils ont dû soutenir à l'époque, contemporaine, à compléter et à rajeunir leurs thèses sur les points où elles avaient à subir les plus violents assauts.

Le tableau que l'individualisme trace de l'harmonisation spontanée des intérêts individuels suppose, ont objecté ses adversaires, une condition qui est de moins en moins réalisée dans la vie économique moderne : l'existence, en droit et en fait, de la concurrence. S'il est vrai que notre époque se caractérise par le développement des ententes et des monopoles, que reste-t-il de l'argumentation ? Clément Colson répond qu'il faut se garder d'exagérer le rôle et l'étendue des monopoles dans la vie économique d'aujourd'hui. Si l'on met à part les monopoles légaux (dus à une extension fâcheuse des attributions économiques de l'État, qui ne se serait pas produite si on avait écouté les individualistes et qui disparaîtrait si on se rangeait à leurs vues) les monopoles ne sont jamais que partiels et relatifs. Le public a généralement la faculté de remplacer par un substitut le produit ou service offert, si le monopoleur toute d'abuser de sa situation pour relever les prix à l'excès. Les avantages de la production et de la vente en grand ne sont pas tels, qu'un seul établissement on un groupe d'établissements fusionnés puissent suffire à tous les besoins du marché. Il y a donc chance que des entreprises subsistent par dizaines ou par centaines, et les ententes qui se noueront entre elles pourront bien régler certaines conditions de vente ou arrêter l'effondrement des cours en cas de crise ; elles ne parviendront pas à maintenir d'une manière durable les cours au-dessus du prix de revient, car la concurrence renaîtrait du fait d'entreprises nouvelles, attirées par l'appât du bénéfice anormal que ces hauts prix de vente dégageraient, et l'entente aurait vite fait de perdre la maîtrise du marché à laquelle elle prétendait. D'où cette conclusion que, même dans l'économie contemporaine, « la concurrence se retrouve dans toutes les transactions, à de bien rares exceptions près, et domine toute la vie économique, en fait comme. en théorie ».

Mais ce n'est point sur le terrain proprement économique que la doctrine individualiste et libérale est de nos jours le plus attaquée. On lui reproche surtout de ne pas donner satisfaction aux exigences de la conscience et de la sensibilité modernes. La concurrence n'est-elle pas la transposition, sur le terrain social, du fait brutal de la lutte pour la vie, avec le corollaire de l'écrasement des faibles par les forts ? Et la dureté de cette loi n'est-elle pas rendue plus insupportable encore par le fait qu'il n'y a pas, au point de départ, égalité entre les concurrents ? L'individualisme approuve l'institution de la propriété privée héréditaire ; celle-ci ne rompt-elle pas le parallélisme entre les services rendus et la fortune acquise, puisque par elle des individus qui n'ont personnellement servi en rien la collectivité reçoivent le droit, de prendre une part parfois importante du revenu social ? Et ne fausse-t-elle pas le jeu de la concurrence en permettant aux riches de triompher de rivaux plus méritants et mieux doués, mais « handicapés » parce qu'ils n'ont par, de capitaux à leur disposition ? Clément Colson n'admet point l'assimilation de la concurrence et de la lutte pour la vie, qui repose, dit-il, sur une confusion. Les animaux qui se disputent les aliments offerts par la nature à leurs appétits ne peuvent en accroître la masse, puisqu'ils sont incapables de rien produire, en sorte que la part prise par l'un est nécessairement enlevée aux autres. Au contraire, chez les hommes, la masse à partager n'est point fixée d'avance ; elle est le résultat de leur activité productrice : celui qui produit mieux et plus vite que ses concurrents ne leur prend rien, et s'il obtient, en raison de la supériorité de ses produits, les préférences de la clientèle, ses concurrents ne sont pas pour cela empêchés de gagner leur vie, mais simplement amenés à donner à leurs forces un emploi plus utile pour la société. Sans doute, la lutte concurrentielle cause parfois des ruines et des souffrances individuelles, mais ceux qu'elle frappe, ce ne sont pas les travailleurs, qui reçoivent leur salaire chaque semaine ou chaque quinzaine et que rien ne rive à l'établissement ruiné. Les victimes, ce sont les capitalistes, et ils auraient mauvaise grâce à se plaindre, car s'il est légitime qu'ils tirent profit de leurs capitaux lorsque ceux-ci rendent service à la collectivité, il n'y *a rien de choquant à ce qu'ils les perdent dans le cas contraire. Quant à l'institution de la propriété privée héréditaire, A. Deschamps fait remarquer que pour donner à l'intérêt personnel, pivot du mécanisme économique, son contenu normal, il faut le placer dans le cadre familial. L'individu travaille pour ses enfants avec autant d'ardeur et de courage que pour lui-même. Si on cantonnait l'intérêt personnel, contrairement à l'état naturel des choses, dans une sphère strictement individuelle, on l'affaiblirait considérablement. C'est à ce résultat qu'aboutirait la suppression de la propriété héréditaire. Du jour où la transmissibilité des capitaux serait abolie, le montant même des capitaux diminuerait. L'individu, une fois qu'il aurait épargné les sommes nécessaires à sa subsistance et à son entretien, ne serait plus engagé à épargner davantage. Et si l'on envisage la société à l'état dynamique, si on la considère comme un être moral qui vit, sinon éternellement, du moins très longtemps, si l'on se rend compte que les générations successives ne sont pas des compartiments distincts, mais forment une chaîne continue, on se prononcera en faveur du régime juridique qui poussera à la capitalisation la plus ample et, grâce à elle, à la mise en oeuvre d'une technique productive de plus en plus développée, dont finalement bénéficieront tous les membres de la société, en tant que consommateurs par l'abaissement du prix des produits, en tant que travailleurs par l'accroissement de rémunération, à égalité d'effort physique, que rendra possible l'emploi d'un outillage plus perfectionné.

Ayant ainsi maintenu leurs positions défensives, les individualistes ne se font pas faute de prendre à l'occasion une vigoureuse offensive contre leurs adversaires de toujours : le protectionnisme, auquel ils reprochent de mettre obstacle à la division internationale du travail et à l'utilisation rationnelle des ressources et des aptitudes : le socialisme, qui veut substituer au mécanisme économique naturel une organisation artificielle et n'aboutirait, d'après eux, qu'à tarir les sources de l'activité productive ; l'étatisme, en qui ils voient un « socialisme honteux », aussi néfaste que le collectivisme intégral, et plus dangereux parce qu'il se présente sous une forme moins révolutionnaire [67].

Pourtant la doctrine individualiste n'a pas été sans sabir l'influence des faits nouveaux et des idées modernes. Les réactions des individualistes ont été diverses suivant leurs tempéraments. Les uns, en présence des critiques que

---

[67] Comme l'a remarqué Ch. Brouilhet (*Le conflit des doctrines dans l'économie politique contemporaine*, Alcan, 1910), l'école individualiste et libérale est aujourd'hui encore très puissante en France, et elle occupe, à l'Institut et dans les grandes revues et journaux économiques, des positions stratégiques importantes qu'elle conserve avec un soin jaloux.

rencontraient leurs thèses, les ont rendues plus absolues encore et plus tranchantes ; d'autres ont jeté du lest et, tout en conservant l'essentiel de la doctrine, ont consenti à y apporter des atténuations et des adoucissements. Dans les trois volumes qu'il a consacrés à l'exposé des doctrines économiques contemporaines [68], A. Béchaux oppose l' « École Française » à l' « École Individualiste ». Cette terminologie ne me paraît pas admissible. Il n'y a point autant d'écart que le dit A. béchaux entre les économistes qu'il classe dans l'école individualiste (par exemple Yves-Guyot), et ceux qu'il range dans l'école française (par exemple Paul Leroy Beaulieu) Ce sont des modalités différentes d'une même doctrine plutôt que des doctrines différentes, que ces auteurs représentent. Et la dénomination d' « école française » ne semble pas bien choisie pour qualifier les libéraux modérés, car il y a des libéraux de ce genre ailleurs qu'en France, et c'est en France que la doctrine individualiste extrême a trouvé ses interprètes les plus hardis. Il me paraît plus exact de dire qu'au sein de l'école individualiste et libérale deux courants se sont formés : l'un extrême, l'autre modéré, qui ont eu l'un

---

[68] *Les Écoles économiques au XXe siècle*, Rousseau et Alcan, 1902, 1907, 1912.

et l'autre chez nous, à l'époque contemporaine, des représentants qualifiés [69].

---

[69] Cf. le Compte *rendu de Bechaux,* ouvrage cité par A. Deschamps, Revue d'Histoire des Doctrines économiques et sociales, 1908, p. 209.

Chapitre I

L'individualisme extrême

I. G. de Molinari

tdm

G. de Molinari était Belge. Il doit cependant figurer dans une histoire des doctrines françaises, parce que c'est en France que son activité d'écrivain s'est déployée. Rédacteur en chef du *journal des Débats* de 1871 à 1876, rédacteur en chef du *Journal des Économistes* de 1881 à 1909, de Molinari a mené chez nous ses grandes campagnes individualistes. Son ami et disciple Yves Guyot a déclaré que l'œuvre de Molinari « comptera parmi les monuments intellectuels du XIXe siècle ». La formule est un peu excessive. Pourtant il faut reconnaître que G. de Molinari avait un don remarquable de synthèse et qu'il a construit une doctrine d'une belle envergure [70].

Une formule que de Molinari affectionnait en résume excellemment l'esprit. En matière économique, disait-il, l'État n'a qu'une chose à faire, c'est de « maintenir le milieu libre », ce qui veut dire que l'État n'a d'autre mission que de

---

[70] Cf. surtout : *Comment se résoudra la question sociale (1896)* ; *Esquisse de l'organisation politique et économique de la société future* (1899); *Les problèmes du XXe siècle* (1901) ; *Économie de l'histoire* (1908).

veiller à ce que les activités économiques individuelles se puissent déployer librement.

Sur quelle conception du mécanisme économique cette théorie s'appuie-t-elle ? et à quelles conclusions pratiques va-t-elle conduire ?

Comme, tous les économistes individualistes, de Molinari pense que le jeu des lois naturelles de la concurrence et de la valeur assure automatiquement l'adaptation de la production aux besoins. L'argumentation qu'il donne à l'appui de cette thèse générale n'est qu'une reprise et une confirmation de l'analyse classique que nous avons précédemment rappelée.

Mais dans la réponse que de Molinari fait aux économistes animés de préoccupations sociales on nationales, il donne, à la thèse de l'harmonie spontanée, des développements complémentaires qui méritent d'être signalés.

Les adversaires du libéralisme ont coutume de dire que la misère dont la classe ouvrière a souffert dans la première moitié du XIXe siècle a été la conséquence directe de la libre concurrence et du libre contrat, et ils en tirent argument pour affirmer que l'harmonisation spontanée ne se réalise pas dans les faits. De Molinari leur réplique que les souffrances de la classe ouvrière sont venues, au contraire, de ce que dans les rapports entre le capital et le travail, « le milieu libre » n'a été qu'incomplètement réalisé. Alors que le marché des produits et des capitaux s'est agrandi et internationalisé, celui du travail est demeuré local. Par suite de l'insuffisance de leurs ressources et de l'absence d'informations sur les autres marchés de la main-d'œuvre, les ouvriers ont été confinés ait lieu même de leur naissance ou aux localités immédiatement avoisinantes. Les lois sur le domicile de secours et le vagabondage, ainsi que les restrictions d'immigration, ont accentué encore la localisation des marchés du travail dans la première moitié du XIXe siècle. Et si, depuis lors, la condition des ouvriers s'est sensiblement relevée, c'est que peu à peu ces entraves se sont atténuées et que l'on s'est rapproché du « milieu libre ». Il reste toutefois à l'heure actuelle une grande différence entre le marché du travail et celui des capitaux ou des produits. Tandis que pour ceux-ci, toute nue série d'institutions spécialisées - les banques, les bourses - se chargent de dresser et de transmettre le tableau des offres et des demandes, il n'existe rien de tel pour la main-d'œuvre. Jadis, sous le régime de l'esclavage, le marché du travail était organisé. Dans l'Antiquité, le métier des marchands d'esclaves consistait à acheter la main-d'œuvre là où elle était à bon marché - en Afrique, en Syrie - pour la revendre là où elle était chère - en Grèce, en Italie -. Grâce à eux, un lien et un équilibre s'établissaient entre l'offre et la demande. De Molinari demande que l'on s'inspire de ce précédent et que l'on commercialise le marché du travail en créant des « bourses » qui régulariseraient le marché et dépersonnaliseraient les prix. De Molinari consacra tout un livre [71] à l'esquisse de l'organisation de ces bourses du travail. Les bourses virent effectivement le jour, mais elles ne tardèrent pas à prendre une orientation tout autre que celle que de Molinari avait rêvée.

Très curieuse également, la démonstration qu'oppose de Molinari à ceux qui craignent que l'élargissement mondial des marchés et des échanges ne risque de mettre en péril l'indépendance nationale. Jadis, dit-il, les sociétés en voie de civilisation étaient d'une manière permanente menacées d'asservissement par les peuples moins civilisés qui demandaient leur subsistance au meurtre et au vol. La société qui voulait vivre était alors obligée de mettre au premier plan de ses préoccupations la sécurité extérieure, et c'est le gouvernement qui avait tout naturellement la charge

---

[71] *Les Bourses du Travail (1893).*

d'assurer cette sécurité. Les choses ont changé depuis l'invention de la poudre à canon, parce que le monde civilisé a été mis par elle à l'abri des attaques des peuples primitifs. Dans *Grandeur et décadente de la guerre* (1898), de Molinari expose comment la guerre, qui a; pu être jadis un agent de progrès, n'a plus aujourd'hui de raison d'être et inflige aux nations des dommages d'autant plus considérables qu'elle, brise des liens d'échange plus nombreux et plus étroits. La guerre ne subsiste que parce que la multitude intéressée au maintien de la paix ne possède pas une influence suffisante sur la direction des affaires publiques, laquelle demeure entre les mains d'une classe intéressée à la persistance de l'état de guerre. Mais cet anachronisme ne subsistera pas indéfiniment.

« Après avoir eu sa période de grandeur, elle (la guerre) est entrée clans sa période de décadence et elle est destinée à disparaître pour faire place à la paix qu'elle a rendue possible. »

Cette vision optimiste du mécanisme économique et des relations internationales permet à, de Molinari de porter l'individualisme à son degré extrême et de réduire presque à rien la sphère d'action de l'État. Pour fixer à l'État les limites qu'il ne doit pas dépasser, de Molinari classe en deux catégories les 'produits et services nécessaires à l'individu et à la société, suivant que leur consommation est individuelle ou collective.

Les services à consommation individuelle doivent être intégralement laissés à l'entreprise privée. Deux exemples montreront jusqu'où de Molinari va dans ce sens [72]. S'agissant de la monnaie, il critique très vivement le monopole gouvernemental du monnayage, qui a donné naissance aux altérations de frappe et complique de difficultés de change les transactions internationales. De Molinari voudrait que l'industrie du monnayage fût libre. Les banques se chargeraient de fournir au public les monnaies métalliques ou de papier. De toutes ces monnaies, la plus appréciée du public, celle jugée par lui la plus commode et la plus sûre, triompherait des autres. On posséderait ainsi une monnaie internationale par laquelle le « voiturage des valeurs » dans le monde serait facilité comme l'a été le transport des marchandises par l'unification internationale des entre-voies de chemin de fer. Et cette monnaie, uniformisée dans l'espace, pourrait être stable dans le temps parce que la banque émettrice en réglerait la circulation en fonction de la cote des marchandises, la restreignant par

---

[72] *Cours d'Économie Politique* (1863); *Les lois naturelles de l'économie politique* (1887).

exemple lorsqu'elle constaterait une tendance à la hausse générale des prix, symptôme d'une surabondance monétaire.

S'agissant de l'enseignement, de Molinari dresse un réquisitoire contre l'établissement d'État. Au lieu de se plier aux désirs des consommateurs, l'État leur impose les siens. Il les oblige à l'étude des langues mortes « quoiqu'elles aient visiblement cessé d'être les instruments nécessaires de la culture de l'esprit et des communications intellectuelles d'un pays à un autre ». Il surcharge à l'excès les programmes. Il exalte fâcheusement la vanité nationale. a Sous prétexte de développer en eux l'amour de la patrie, les institutions officielles enseignent aux enfants que leur nation est la première entre toutes. » De Molinari voudrait donc que l'enseignement à tous les degrés fût abandonné à l'industrie privée et qu'il fût absolument interdit au gouvernement de le distribuer ou de le subventionner. Toutefois, il admet que l'État édicte l'obligation pour les parents de faire donner une instruction à leurs enfants. Cette concession à l'étatisme lui fut reprochée par un autre individualiste, plus radical encore, Frédéric Passy, qui prétendit que si l'on ouvrait la porte sur ce point à l'intervention de l'État, on ne serait plus en mesure d'arrêter ses autres empiétements. De Molinari répondit à F. Passy que les parents, par le fait volontaire de la procréation, contractent une dette envers leurs enfants. S'ils ne s'acquittent pas de cette dette, l'État est fondé à leur en imposer payement, comme il l'est à exiger des débiteurs récalcitrants qu'ils s'acquittent envers leurs créanciers. Il n'y a rien là de contraire à la doctrine du « milieu libre ». De Molinari spécifie d'ailleurs qu'instruction obligatoire ne veut pas dire instruction gratuite. Tout au plus la charité pourra-t-elle venir en aide aux parents pauvres en leur distribuant des bons d'enseignement analogues aux bons de pain. Encore est-il à souhaiter que cette bienfaisance ne se développe pas trop, car l'obligation de subvenir aux dépenses d'instruction des enfants est un frein utile à une procréation excessive. « La force de reproduction de l'espèce humaine a besoin d'être incessamment contenue, réfrénée ; elle n'a pas besoin d'être encouragée... ; il importe que l'esprit de prévoyance combatte les impulsions physiques de la reproduction... ; il faut pour cela que l'homme qui procrée sache qu'il contracte une dette égale au montant des frais d'élève et d'éducation de l'enfant, et que l'assistance qui pourra lui être donnée n'a aucun caractère d'exigibilité et de certitude. »

Quant aux services à consommation collective, de Molinari admet l'intervention de l'État, mais il accueille avec faveur les moyens qui permettraient de restreindre son champ d'action. Pour ce qui est de la sécurité extérieure, l'importance de la tâche de l'État est destinée à aller en décroissant puisque, nous l'avons vu, la guerre jouera de moins en moins dans l'avenir le rôle utile qu'elle a joué dans le passé. Pour les services collectifs internes (justice, police, éclairage et pavage des rues, etc.), l'idéal serait que l'État s'adressât à des entreprises spéciales et conclût avec elles des contrats, en mettant autant que possible ces entreprises en concurrence les unes avec les autres. Enfin, la faculté de sécession, c'est-à-dire le droit pour les individus de changer de nationalité, établirait entre les États une salutaire émulation et pousserait chacun d'eux à faire tout le possible pour donner à ses administrés les services les meilleurs au plus bas prix. Ainsi de Molinari, lorsqu'exceptionnellement il se résigne à laisser à l'État quelque fonction, entend que cette fonction soit soumise au jeu des lois de l'économie privée et concurrentielle.

II. Yves-Guyot

Yves-Guyot continue et prolonge de Molinari. C'est dans un écrit de ce dernier. L'*Essai sur les grains,* qu'Yves-Guyot apprit l'économie politique, et quand, en 1909, de Molinari abandonna ses fonctions de rédacteur en chef du *Journal des Économistes,* c'est Yves-Guyot qui prit sa succession. Comme son maître, Yves-Guyot défend l'individualisme extrême. Il apporte à cette défense un tempérament de polémiste âpre et caustique. À défaut de la vigueur de synthèse de son maître, il a l'art des formules lapidaires, qu'il illustre de faits typiques, collectionnés dans la presse et la vie économique des deux inondes. S'ils ne sont pas toujours convaincants, ses livres ne sont jamais ennuyeux [73], et l'on en pourrait

---

[73] Cf. *La Science économique,* 5e édition, 1923, *La tyrannie socialiste,* Delagrave, 1893 ; *Les Chemins de fer et la grève,* Alcan, 1911 ; *La gestion par l'État et les municipalités,* 1913.

extraire un excellent bréviaire de l'individualisme intransigeant. Citons-en quelques articles à titre d'exemple :

« L'intérêt individuel est le principal agent de la civilisation industrielle. »

« Les individus travaillent et épargnent, les gouvernements gaspillent et s'endettent. »

« Le progrès est en raison inverse de l'action coercitive de l'homme sur l'homme et en raison directe de l'action de l'homme sur les choses. »

Quant au fond, Yves-Guyot corrige de Molinari sur deux points importants. Il conçoit autrement que lui les rapports de l'individualisme, 10 avec la démocratie et 20 avec la morale.

1. Individualisme et démocratie. - De Molinari n'aimait guère la démocratie. La substitution du suffrage universel au suffrage restreint lui paraissait avoir réduit l'intelligence et la, moralité des Parlements. Le remplacement d'un chef autoritaire par un chef élu et temporaire avait, d'après lui, « diminué la stabilité nécessaire du pouvoir sans assurer mieux l'aptitude à l'exercer » ; et surtout, de Molinari comprenait qu'il y avait un lien de cause à effet entre les progrès de la démocratie et l'accroissement des attributions de l'État. Yves-Guyot, au contraire, est très résolument et très ardemment démocrate. Il admire l'œuvre de la Révolution française. Il estime que les principes de 1789 ont servi de ralliement à tous les peuples », et que si nous les abandonnions « nous serions emportés par la réaction ou nous tomberions en dissolution ». Pour lui, les principes de la Révolution française constituent « l'étalon social et politique de l'évolution humaine », et l'on peut juger le degré d'avancement d'un peuple en recherchant en quelle mesure il les a adoptés. Ceci posé, Yves-Guyot va tirer de sa foi démocratique une argumentation nouvelle en faveur de l'individualisme. En deux de ses ouvrages, *Les principes de 89 et le socialisme* [74] et *La démocratie individualiste* [75], Yves-Guyot entend démontrer qu'il y a antinomie entre la démocratie et le socialisme. La Révolution a proclamé la liberté individuelle ; le socialisme vise à la supprimer, puisqu'il nie le droit des ouvriers à rester en dehors du syndicat, et le droit du patron à employer les ouvriers non-syndiqués. La

---

[74] Delagrave, 1894.
[75] Giard, 1907.

Révolution a proclamé l'égalité et supprimé les classes et les castes ; les socialistes les rétablissent et ne s'intéressent qu'à l'une d'elles. La Révolution a proclamé la propriété individuelle ; le socialisme entend l'abolir et veut faire de l'État le seul propriétaire, ce qui est revenir à l'ordonnance de 1692 qui proclamait la propriété du roi sur toutes les terres. La Révolution a créé les impôts réels et proportionnels ; le socialisme veut établir la progressivité et la personnalité de l'impôt, ce qui est encore une régression, puisqu'ainsi l'impôt, au lieu d'être simplement destiné à assurer le fonctionnement des services généraux de la nation, devient un instrument de nivellement des fortunes, de même que jadis à Rome, l'impôt était l'exploitation des peuples conquis par les conquérants. On devine la conclusion : un vrai démocrate ne peut être socialiste et doit être individualiste.

2. Individualisme et morale. - De Molinari, recherchant les causes de la crise sociale moderne, ne les trouvait pas toutes sur le terrain économique. À côté des pratiques défectueuses (lu « gouvernement collectif » - par là il entendait l'activité malencontreuse de l'État -, de Molinari flétrissait les erreurs du « gouvernement individuel », c'est-à-dire la diminution de la moralité de chacun de nous. Et quand il prescrivait les remèdes, il ne se bornait pas à conseiller la restriction, des attributions de l'État et le retour au « milieu libre », il se préoccupait aussi d'indiquer les moyens d'enrayer l'affaissement de la moralité générale. Sa pensée, d'ailleurs, était, sur ce point, assez contradictoire, car, d'une part, de Molinari affirmait qu'il n'y a point de société ordonnée sans une haute moralité individuelle et qu'il n'y a point de morale efficace sans le support d'une foi religieuse et, d'autre part, il constatait que la masse et l'élite se détachent de plus en plus des croyances religieuses et voyait dans ce détachement la conséquence naturelle et inévitable du progrès moderne des sciences. La solution à laquelle il aboutissait - et dont il ne, donnait qu'une vague esquisse - était celle d'une religion épurée, débarrassée des dogmes incompatibles avec la science moderne, réduite comme articles de foi à l'existence de Dieu et à l'immortalité de l'âme, avec un culte très simple et parement spirituel.

Yves-Guyot aborde le problème moral et religieux dans un tout autre esprit. Déterministe et positiviste, il est complètement détaché de toute croyance métaphysique ou religieuse et traite avec beaucoup de dédain les morales surnaturelles [76] : c'est de l'économie même qu'il va tirer le fondement d'une morale nouvelle, couronnement de la doctrine individualiste. Dans une étude que publia en janvier 1896 la Nouvelle Revue: La morale de la concurrence [77], Yves- Guyot prétendait démontrer que dans nos sociétés modernes il y a un ressort moral qui pousse la majorité des individus à « faire du bien à autrui ». Sous un régime de division du travail et d'échange, les individus ne produisent pas pour eux. mais pour les autres ; ils s'ingénient à trouver ce qui flatte, non leurs goûts et leurs caprices, mais ceux de leur clientèle éventuelle ; ils se préoccupent donc à tout instant du bien-être d'autrui, ils « font de l'altruisme », et Yves-Guyot évoque lyriquement « le marin qui part par la brume, par la tempête, qui passe ses nuits sur le pont ruisselant sous les embruns glacés », et qui ne voyage point pour son agrément, mais pour assurer aux autres les marchandises et les transports dont ils ont besoin. Cette morale positive, issue de la vie économique, a sur les morales métaphysiques ou religieuses cette supériorité qu'elle ne peut être violée sans que des sanctions redoutables viennent immédiatement punir le délinquant. Un producteur qui cesserait un moment de se montrer altruiste, qui se désintéresserait des désirs de sa clientèle,

---

[76] *Étude sur les doctrines sociales du christianisme,* Flammarion, 1899.

[77] Publiée peu après en brochure, Armand Colin, 1896 ; cf. *L'Économie de l'Effort,* Armand Colin, 1897.

serait immédiatement distancé par ses concurrents plus actifs, « plus pénétrés de leurs obligations » ; il serait contraint à disparaître ou, pour rattraper son retard, à faire « de nouveaux efforts de sacrifice et de dévouement ».

Seulement, pour que l'économie soit le soubassement d'une morale, il faut que l'État laisse jouer librement les lois naturelles de la production et de l'échange. S'il intervient, il détruit le ferment de moralité que la concurrence aurait développé. Quand, par exemple, l'État s'adonne au protectionnisme, il livre le client « pieds et poings liés » au producteur national, puisqu'il lui interdit de s'adresser aux concurrents étrangers. Débarrassé d'eux, le producteur peut 's'endormir en toute quiétude ; plus l'État le protège, plus il le dispense de l'effort d'altruisme ; au lieu de se plier aux volontés d'une clientèle qu'il ne craint plus de perdre, le producteur n'a plus d'autre souci que d'arracher à l'État, au détriment des consommateurs, une protection de plus en plus haute ; « son altruisme se Change en féroce égoïsme ».

Abstraction faite des nuances qu'il revêt chez chaque auteur, l'individualisme extrême se heurte à une objection si évidente qu'elle ne pouvait échapper ni à de Molinari ni à Yves-Guyot: toute l'évolution économique et sociale moderne semble bien se faire à l'opposé de ses conclusions [78]. De Molinari paraît avoir été à la fin de sa vie un peu découragé par cette constatation. Yves-Guyot rapporte que quelques années avant la publication de son dernier ouvrage *Ultima verba,* de Molinari lui dit : « Le peu de succès de la lutte que J'ai soutenue pendant plus de vingt ans contre les protectionnistes et les socialistes m'a porté au pessimisme. » Pourtant les individualistes intransigeants gardent espoir que leurs théories finiront par triompher. De Molinari et Yves-Guyot sont convaincus que leur doctrine est la seule vraie, la seule scientifique, qu'une société, ne pourrait absolument pas fonctionner si elle renonçait aux principes de la libre concurrence et de l'initiative privée. D'es lors, ils sont fondés à penser que l'étatisme et le socialisme périraient de leur victoire même ; quand ils voient s'approcher le jour où peut-être ils se réaliseront, ils pensent que se rapproche par là même le jour où l'expérience montrera d'une manière éclatante que l'on ne saurait impunément méconnaître les enseignements de la science. Aussi, quand ou objecte à Yves-Guyot qu'il est un isolé, répond-il superbement : « Les phares aussi sont isolés, mais leur lumière signale les périls à éviter et la route à suivre. »

---

[78]   *Cf. G.* Morin, *L'individualisme et la structure nouvelle de la vie économique*, Revue de Métaphysique et de Morale, 1917.

Chapitre II

L'individualisme modéré

Dans ce chapitre nous rangerons les auteurs qui, fidèles à la doctrine individualiste et libérale, ont plus de confiance en la liberté qu'en la réglementation, mais qui comprennent, soit que l'individualisme intégral est irréalisable dans le temps présent, soit qu'il peut présenter des dangers d'ordre national ou d'ordre social, et par suite admettent qu'il y a une sphère légitime d'intervention, et que les activités économiques individuelles doivent être à certains égards conjuguées et contrôlées par l'État. Quand on s'oriente en ce sens, le difficile est de trouver une ligne de démarcation précise qui permette de circonscrire le domaine respectif de l'initiative privée et de l'action publique. Les partisans de l'individualisme modéré tracent de manière diverse cette ligne parce qu'ils se placent, pour limiter l'individualisme, à des points de vue fort différents.

I. L'individualisme limité par les préoccupations nationales : P. Leroy-Beaulieu

tdm

Paul Leroy-Beaulieu est certainement de tous les économistes français récents celui qui a le plus contribué à vulgariser la doctrine individualiste. À la vérité, P. Leroy-

Beaulieu n'admettait pas ce terme d'individualiste. Dans son grand *Traité théorique et pratique d'Économie Politique,* en quatre volumes, on ne trouve qu'une seule fois le mot individualisme, et il est employé dans un sens péjoratif. « Le socialisme, écrit l'auteur, conduirait à un individualisme beaucoup plus effréné et stérile que celui qui existe actuellement. » La seule épithète que P. Leroy-Beaulieu admettait pour sa doctrine était celle de libérale. Mais il n'y a là qu'une question de mots : l'individualisme que condamnait P. Leroy-Beaulieu, c'était le particularisme et l'égoïsme. En évitant de se dire individualiste, il voulait marquer que l'intérêt général primait les intérêts individuels, qu'une bonne organisation économique devait viser le bien social et non la satisfaction des intérêts de telles ou telles individualités particulières. Mais, étant libéral, il estimait que ce bien social était mieux assuré par le libre jeu des initiatives privées que par la réglementation. Nous pouvons donc, sous réserve des précisions que nous venons de donner, le ranger parmi les économistes individualistes.

Ces idées individualistes et libérales, P. Leroy-Beaulieu en fut le champion par sa parole et par ses écrits. De 1872 à 1879, il professe l'économie politique à l'École libre des Sciences politiques; de 1879 à 1914, il l'enseigne au Collège de France, où il succède à son beau-père Michel Chevalier.

Rédacteur à la *Revue des Deux Mondes* depuis 1869, au *Journal des Débats* pour la partie financière depuis 1871, il fonde en 1873 l'Économiste *français,* dont il écrira l'article de tête chaque semaine pendant 43 ans. P. Leroy-Beaulieu arriva très jeune aux situations les plus enviées. A l'âge de 27 ans, il avait eu déjà trois mémoires couronnés par l'Académie (les Sciences Morales et Politiques. À 35 ans, il était membre de l'Institut. Sa production livresque fut considérable. Écrits avec une grande aisance, ses livres plurent au public par le bon sens dont ils étaient imprégnés et par les connaissances concrètes qu'ils révélaient. P. Leroy-Beaulieu considérait l'économie politique comme une science descriptive; il n'admettait pas qu'elle fût confinée « dans l'air méphitique des salles professorales et des séminaires d'étudiants ». Il raillait les théories subtiles de l'économie abstraite, qu'il prenait pour une nouvelle scolastique, « quelque chose d'effroyablement compliqué, et de désespérément vide, des toiles d'araignées infinies tissées avec un art merveilleux et dont on ne peut se servir à aucun usage ».

D'après lui, pour devenir un bon économiste, il ne suffit pas « d'étudier au coin (le son feu d'innombrables volumes écrits par des prédécesseurs ou de dépouiller d'antiques dossiers et d'interminables enquêtes » ; il faut se mêler au mouvement des affaires et en subir les contre-coups. C'est ce que pour sa part il fit, participant aux entreprises les plus diverses, « tantôt à son avantage et tantôt à son dam ».

P. Leroy-Beaulieu avait tout naturellement les défauts de ses qualités. Il était plus apte à décrire la vie économique concrète qu'à construire des théories scientifiques, De très bonne foi, il négligeait de voir ou d'apprécier à sa juste valeur ce qui dans la réalité contredisait son optimisme social. Quand, par exemple, il explique le profit par le mérite des combinaisons de l'entrepreneur, quand il donne le métier de capitaliste comme l'un des plus compliqués et des plus difficiles de la société moderne, quand il justifie l'institution du salariat, ses observations, souvent exactes, sont viciées par une préoccupation inconsciente d'apologétique. Pourtant l'œuvre, de Paul Leroy-Beaulieu est, tout compte fait, un monument imposant où, pendant longtemps sans doute, les vulgarisateurs de la doctrine individualiste viendront chercher leurs arguments et leurs exemples. Qu'il s'agisse de l'apologie de la concurrence et de la propriété privée, ou de la critique de l'étatisme et du collectivisme, son grand *Traité* [79], où il reprend et condense

---

[79] *Traité théorique et pratique d'Économie politique*, 1895, 4 volumes, Alcan.

les développements de ses ouvrages spéciaux antérieurs [80], est une mine inépuisable.

Mais ce qu'il y a de plus intéressant dans l'œuvre de P. Leroy-Beaulieu, c'est, à mon sens, moins ce libéralisme qui y apparaît à première vue que les tempéraments apportés par lui à l'idée individualiste et libérale, lorsqu'il la sent en conflit avec l'intérêt national. Sur plusieurs points essentiels, les préoccupations nationales ont amené P. Leroy-Beaulieu à des conclusions qui diffèrent singulièrement de celles de l'individualisme extrême.

1. Les droits de douane. - Dans le débat entre libre-échangistes et protectionnistes, les préférences de P. Leroy-Beaulieu vont bien entendu au libre-échange. S'il en était autrement, il ne mériterait plus d'être appelé libéral. Mais P. Leroy-Baulieu fait d'expresses réserves à l'égard de la thèse du libre-échangisme absolu. La science économique, dit-il, enseigne que la liberté du commerce international est avantageuse pour l'ensemble des nations considérées in

---

[80] Cf. surtout, *Essai sur la répartition des richesses*, Cuillaumin, 1880 ; *Le Collectivisme*, Alcan, 1884 ; *L'État moderne et ses fonctions*, Alcan, 1889.

globo. Mais il se peut qu'elle ne le soit pas pour une nation prise en particulier. Et pour rendre plus claire sa pensée, P. Leroy-Beaulieu rappelle que la suppression des douanes intérieures fut sans nul doute un bienfait pour la France, mais que certaines régions en ont souffert. Cela n'avait pas de grands inconvénients, ajoute-t-il, parce que la région n'a pas une existence distincte. Au contraire, les nations ont chacune leur unité au sein de la collectivité internationale ; il est donc naturel que chacune d'elles se préoccupe de ses intérêts propres, et qu'elle s'abstienne d'aller jusqu'au libre-échange absolu, si elle a des raisons de craindre qu'il ne lui soit préjudiciable. En outre, le libéralisme commercial intégral suppose un état de paix et de concorde universelles. Tant que cet état n'existe pas, des considérations extra-économiques (c'est-à-dire qui ont un autre objet que le seul développement de la richesse et du bien-être) peuvent légitimement intervenir et incliner dans le sens protectionniste. Aussi, en dernière analyse, P. Leroy-Beaulieu, s'il conseille de modérer les droits de douane, de les concentrer sur quelques articles, d'en exempter les matières premières, d'exclure de toute protection *les* industries rachitiques, n'estime pas que l'abolition complète de la protection soit commandée par la science économique.

2. La colonisation. - L'opposition entre Paul Leroy-Beaulieu et les individualistes extrêmes est plus nette encore sur le problème colonial. G. de Molinari s'était montré radicalement hostile au mouvement moderne d'expansion coloniale. Il admettait que les peuples les plus avancés en civilisation montent des entreprises sur les territoires occupés par les races inférieures, mais à condition que ces entreprises restent purement privées et que des rapports d'échange libre s'établissent entre les colonisateurs et les indigènes. La colonisation sous forme militaire et gouvernementale lui semblait désastreuse et contraire à l'intérêt véritable du pays conquérant comme du pays conquis.

De même Yves-Guyot, dans sa Morale (1883), condamne le colonialisme et prétend que l'Algérie ne peut vivre qu'à la condition « de faire garder chaque colon par deux soldats » (Le calcul sur lequel Yves-Guyot appuyait son affirmation était d'ailleurs très discutable, et Charles Gide en fit spirituellement la critique).

P. Leroy-Beaulieu voit d'un tout autre œil l'expansion coloniale [81]. Non seulement il affirme que les peuples civilisés ont le droit d'intervenir dans les affaires des peuples arriérés, mais il montre avec force que la colonisation doit se faire sous les auspices et avec l'aide de l'État. Pour que l'œuvre colonisatrice s'accomplisse, il faut donner aux indigènes une éducation, les soumettre à une discipline, ouvrir le champ aux placements de capitaux, et tout cela ne peut s'obtenir par les seules relations commerciales et privées. Les colons ont d'ailleurs besoin d'être contrôlés par la puissance publique, sinon l'amour du lucre les conduira peut-être à user à l'égard des indigènes de méthodes, inadmissibles. Sans doute certains pays ont colonisé au moyen de compagnies privées concessionnaires, mais il ne faut pas se laisser duper par l'apparence. Ce procédé « est un artifice auquel recourt une puissance pour s'infiltrer dans un pays où son action directe et immédiate susciterait des protestations ». En réalité, l'État se dissimule derrière la compagnie et la soutient de sa puissance diplomatique et militaire.

À l'appui de cette thèse que la colonisation est une œuvre d'État et que le gouvernement français ne doit pas s'en

____

[81] *La colonisation chez les peuples modernes*, Alcan, 1re édition, 1874 ; 6e édition, en 2 vol., 1908.

désintéresser, P. Leroy-Baulieu apporte un dernier argument qui pourrait être donné dans les mêmes termes par un adepte de l'économie nationale. Qu'on en juge :

« Il ne convient pas de laisser accaparer, peupler ou diriger le monde par un seul peuple ou par deux peuples. Il importe de se souvenir que les marchandises d'un pays manufacturier courent grand risque d'être arrêtées aux frontières étrangères par des tarifs prohibitifs, que les capitaux qu'il produit en trop et qu'il veut exporter sont souvent exposés, dans un pays étranger, à des tribunaux ou à des législateurs malveillants qui les confisquent indirectement ou les ruinent, que les émigrants mêmes ne sont plus sûrs d'être bien accueillis dans les contrées sur lesquelles leur pays d'origine n'a aucun droit.

L'absence de colonies pourrait équivaloir à une sorte de séquestration du peuple qui aurait été assez inerte pour ne pas se créer des dépendances dans le monde, alors que le monde n'était pas complètement occupé. »

3. La natalité. - Paul Leroy-Beaulieu fut toute sa vie préoccupé par le problème de la dépopulation. Il en fit quatre fois l'objet de son cours du Collège de France, y consacra une partie du tome IV de son *Traité* et un de ses derniers ouvrages: *La question de la population* [82].

Quant aux causes de la dépopulation, les développements de P. Leroy-Beaulieu n'ont rien de très original. Il insiste surtout sur les facteurs d'ordre moral, montrant comment les progrès de la civilisation amènent la recherche du bien-être, et notant l'influence de l'école, du féminisme, de « l'orgueil démocratique ». Il critique très vivement la théorie de Malthus, dont il pense qu'elle surestime la prolificité de l'homme et qu'elle sous-estime la fécondité de la nature. Paul Leroy-Beaulieu rejetait d'ailleurs d'une manière générale les théories de l'école, classique anglaise, qu'il jugeait empreintes d'un excessif pessimisme.

C'est quand il passe à l'exposé des remèdes que P. Leroy-Beaulieu innove le plus. La crise de la natalité l'inquiète à un tel point qu'il en arrive (dans le dernier état de sa pensée, à une époque où la courbe des naissances devient plus inquiétante et où les préoccupations nationales se font plus vives) à recommander des mesures qui sortent complètement des cadres de l'économie libérale et qui

---

[82] *Alcan, 1913.*

n'allèrent pas sans susciter des hésitations et des objections dans le milieu de l'Académie des Sciences Morales et Politiques, quand P. Leroy-Beaulieu y donna la primeur de quelques chapitres de son livre [83].

La première de ces mesures, c'est la réserve des fonctions publiques aux membres des familles « normales » (c'est-à-dire qui comportent au moins trois enfants). Comme les Français ont un goût très marqué pour les carrières bureaucratiques, et qu'il y a en France au moins un million de fonctionnaires, P. Leroy-Beaulieu estimait qu'une règle de ce genre serait un stimulant très efficace à l'accroissement du nombre des familles normales. À tout le moins demandait-il, si l'on reculait devant cette solution extrême, que l'on modelât le traitement sur la situation de famille, en le diminuant de 30% pour les célibataires, de 10% pour les fonctionnaires sans enfants, et en l'augmentant de 10% par enfant. On ne manqua pas d'objecter à P. Leroy-Beaulieu qu'un système de ce genre aboutissait à régler l'accès d'une fonction, ou sa rémunération, sur des bases autres que celles de la quantité ou de la qualité de travail fourni, ce qui est contraire au principe de l'équivalence en utilité, que d'ordinaire les économistes libéraux considèrent

---

[83] *Cf. les Comptes rendus de l'Académie des sciences morales et politiques, 1913, I, p. 381, etc.*

comme le régulateur naturel de l'échange. Et on lui fit remarquer qu'il préconisait pour l'État une règle tout à fait analogue à celle qu'un certain nombre d'entreprises privées ont adoptées sous le nom de « sursalaire familial », et dont il avait fait la critique au tome Il de son *Traité* en disant qu'un même travail ne peut avoir des prix différents suivant qu'il est accompli par un célibataire ou par un homme marié. P. Leroy-Beaulieu répondit que l'État n'est pas un consommateur ni un patron ordinaires, puisqu'il a la charge du maintien et de l'avenir de la nation, qu'il est par suite tout naturel que l'État, quand il s'agit de ses agents, se place au point de vue national, non au point de vue économique. A. Ribot n'eut pas de peine à répliquer que fatalement le régime adopté pour les agents de l'État s'étendrait aux ouvriers et employés des entreprises privées et, plus fidèle que P. Leroy-Beaulieu à la doctrine libérale, maintint que le système proposé « serait contraire aux principes de l'économie politique sur lesquels repose notre société ».

En second lieu, P. Leroy-Beaulieu demandait que l'État attribuât une prime de 500 fr. à la naissance de tout enfant, à, partir du troisième. La dépense à inscrire de ce chef au budget de l'État serait d'environ 200 millions par an - chiffre qui avant la guerre représentait une somme considérable. Ici encore, les membres de l'Institut firent de sérieuses réserves. Clément Colson objecta que les primes ne pourraient jamais être assez fortes pour produire les heureux effets que P. Leroy-Beaulieu en attendait. Ribot, craignant que la prime n'augmentât le nombre des enfants de tuberculeux et d'alcooliques, demanda « à réfléchir » avant de se prononcer. Le Comte d'Haussonville compara les primes à la natalité aux primes à la reproduction dans l'industrie chevaline, déclara que « les femmes ne sont pas des poulinières » et qu'on ne supprimerait la dénatalité qu'en atteignant le mal dans sa racine, par une restauration des croyances religieuses. Enfin, E. d'Eichtal expliqua que « la productivité économique est encore dans l'état actuel du monde le plus sûr moyen de produire des hommes », que pour faire naître des enfants il fallait leur préparer des emplois lucratifs par le développement libre de l'activité industrielle, et termina sur ces mots : « Le moins possible d'interventionnisme législatif, ce sera ma conclusion. »

L'opposition que rencontrèrent les vues de P. Leroy-Beaulieu montre combien les solutions auxquelles il avait été amené, en traitant d'un point de vue national le problème de la natalité, s'écartaient de la ligne traditionnelle du libéralisme économique.

II. L'individualisme
à contenu social

tdm

En un sens, tout système individualiste ou libéral a un objectif social, puisque - mises a part certaines formes extrêmes de l'individualisme qui méritent plutôt d'être appelées anarchistes -l'action individuelle n'y est pas donnée comme une fin en soi, mais comme un moyen de réaliser l'intérêt général. Il y a cependant une certaine antinomie entre la technique économique de la doctrine individualiste courante et « l'esprit social », en entendant par là le désir d'assurer à la masse des conditions d'existence conformes à la justice. En effet, la libre concurrence, si elle apporte aux plus aptes de fructueuses victoires, ne garantit point aux autres - qui risquent d'être les plus nombreux - un niveau de vie suffisant. Et l'institution de la-propriété privée, qui donne l'indépendance à ceux qui en bénéficient, en

« prive » les non-propriétaires. Cette antinomie est-elle insoluble ? Ne pourrait-on pas concevoir un individualisme qui serait, dans sa technique même, conciliable avec l'esprit social, qui réaliserait la liberté de tous les individus et non pas seulement d'une minorité de privilégiés? Les économistes généralement ne le pensent point. Mais il s'est trouvé quelques philosophes, plus audacieux, que l'entreprise a tentés.

1. Ch. Renouvier. - L'activité intellectuelle de Ch. Renouvier s'est exercée durant plus d'un demi-siècle. C'est en 1848 qu'il rédige le *Manuel républicain de l'homme et du citoyen* [84], qui fit scandale et le rendit célèbre. C'est en 1903 que paraît son dernier ouvrage, *Le personnalisme* [85]. Nous n'avons à nous occuper ici que de celles de ses oeuvres qui ont été écrites et publiées sous la Troisième République. Nous retiendrons cependant aussi son livre capital, La science de la *morale,* dont la première édition est de 1869,

---

[84] Nouvelle édition, Colin, 1904.
[85] Alcan.

qui a été réédité en 1907, et dont l'influence s'est par conséquent manifestée dans la période que nous étudions [86].

La philosophie sociale de Renouvier est dominée par la croyance au libre-arbitre humain, « postulat nécessaire de toute morale ». Renouvier croit au progrès, mais à un progrès qui n'a rien de nécessaire ni de fatal, qui est l'œuvre volontaire de l'homme libre. Il n'y a pas, dit-il, des lois de progrès, mais des faits de progrès, et ces faits sont toujours dus à une liberté en acte, toujours conquis par une liberté contre une résistance. De cette philosophie, Renouvier déduit la doctrine du « personnalisme ». Il rejette le collectivisme, auquel il reproche « d'attendre la transformation de l'individu de la simple organisation d'un milieu social tout externe ». Il rejette l'individualisme des économistes, qu'il accuse de n'être « qu'un moyen de préparer l'enrichissement et le bien-être matériel », et de n'accorder a la liberté vraie » qu'à une seule classe d'individus. Réaliser la justice sans violer jamais le respect de la personne humaine, telle est la fin que Renouvier veut poursuivre. Nous apercevrons clairement le sens de sa doctrine en indiquant les vues auxquelles elle le conduit sur

---

[86] Cf. R. Picard, *Les idées sociales de Renouvier*, Thèse Paris, 1910.

deux points précis : le problème de la propriété et celui du travail.

Pour Renouvier, la propriété est légitime, car elle est le prolongement de la personne. Chaque membre d'une société a le droit d'avoir pour garantir sa vie, son indépendance et sa dignité « une sphère propre formée de choses autour de lui, exclusivement à lui ». La propriété a donc un caractère exclusif ; mais comme la quantité des objets appropriables est limitée, que donc tous les individus ne peuvent être propriétaires, le droit des uns entraîne nécessairement l'absence de droit pour les autres. Pour pallier à cet inconvénient inévitable de l'institution de la propriété, Renouvier préconise l'impôt progressif, avec des taux calculés de manière à empêcher les accumulations excessives entre les mains de quelques-uns. A l'aide du produit de cet impôt, on constituerait un fonds social destiné à faciliter l'accession à la propriété.

Il subsistera cependant toujours des non-propriétaires. Pour leur donner la garantie d'une vie libre, c'est l'organisation du travail qu'il faut aménager. Renouvier affirme le droit au travail. Déjà en 1848, il en avait fait un des points essentiels de son Manuel. L'homme perd toute indépendance et toute dignité s'il n'est pas assuré de pouvoir gagner de quoi suffire aux besoins de sa vie. En conséquence, le gouvernement doit offrir du travail aux chômeurs, en ouvrant des ateliers et des chantiers publics qui paieront un salaire un peu moindre que celui des industries libres, pour inciter les travailleurs à s'employer de préférence dans celles-ci. La théorie du salaire est une des parties les plus caractéristiques de l'œuvre sociale de Renouvier. Elle est beaucoup plus morale qu'économique. L'ouvrier doit trouver dans son salaire quelque chose de plus que ce qui lui est absolument nécessaire pour vivre. La rémunération devrait être calculée en fonction du seul temps de travail, sans distinction entre le travail simple, le travail qualifié, le travail de génie, « car le mérite n'a droit qu'au respect ou à l'admiration, non à une rémunération supérieure ». Mais Renouvier reconnaît que ce principe est inapplicable dans nos sociétés. Les relations de domesticité sont condamnables, car il est immoral que le serviteur soit aux ordres d'un maître « qui n'a ni raison à donner, ni consentement à attendre, ni bienséance à garder peut-être ». Devrait disparaître aussi la rétribution des travaux répugnants (du genre de l'enlèvement des ordures ménagères), car elle avilit la dignité de celui qui s'y adonne pour de l'argent. Mais alors qui se chargerait de ces besognes indispensables ? Peut-on penser qu'elles deviendraient agréables si elles étaient accomplies librement ? À l'opposé de Fourier, Renouvier ne l'espère pas ; mais il voudrait que la reconnaissance de la collectivité envers ceux qui se chargent de ces travaux se manifestât par une libéralité gracieuse, non par une rémunération débattue.

2. Henry Michel. - Dans sa thèse de Doctorat sur L'Idée de d'État, soutenue en 1896 devant la Faculté des Lettres de Paris, H. Michel reprend et développe la doctrine sociale de Renouvier, dont il se proclame hautement le disciple.

« Je ne saurais assez dire, écrit H. Michel parlant de Renouvier, ce que je dois à ce maître et combien il m'a aidé à démêler ma propre pensée. Si je n'insiste pas davantage, c'est crainte de me montrer ingrat en essayant de déterminer, j'entends, au sens fort du mot, de limiter la part de cette influence. »

À l'aide des directives fournies par Renouvier, H. Michel esquisse une doctrine à la fois libérale et progressive, « capable de procurer à tant de bonnes volontés douloureusement incertaines, sincèrement troublées, la lumière et la paix ». H. Michel avait été frappé de la réaction universelle qui s'est produite au XIXe siècle contre l'individualisme, et de la faible résistance des individualistes aux attaques de leurs adversaires. Il se proposa dans sa thèse de retracer l'historique du débat, et S'aperçut alors qu'il y avait un abîme entre la doctrine individualiste du XVIIIe siècle et celle du XIXe. Autant l'une, celle d'aujourd'hui, est « étriquée, mesquine, dénuée de sens social et humain », autant l'autre, celle d'autrefois, était « large, souple, sociale et humaine ». IL Michel, passant en revue les grands individualistes du XVIIIe siècle, montre qu'ils n'avaient point la défiance absolue de l'État qui anime leurs successeurs. Montesquieu approuvait les lois somptuaires et proclamait que l'État « doit à tous les citoyens une subsistance assurée, la nourriture, un vêtement convenable et un genre de vie qui ne soit point contraire à la santé ». Adam Smith considérait que l'État avait pour fonction d'organiser « tous les services dont les particuliers ne sauraient se charger ». Condorcet donnait aussi à l'État une large sphère d'action, « non pour lui conférer des droits sur les citoyens, mais pour lui assigner des devoirs envers eux ». Quant à la Révolution Française, on dit communément qu'après avoir été individualiste à l'origine, sous l'influence de Montesquieu, elle est devenue étatiste ensuite, sous l'influencer de J.-J. Rousseau. Il. Michel conteste cette interprétation ; il estime qu'il n'y a point entre les actes de la

Constituante et ceux de la Convention le fossé que certains imaginent. Pour lui, la Révolution tout entière a été un effort puissant « pour affranchir les individualités existantes, et appeler à l'individualité le plus grand nombre possible de membres de la société ».

Cette tradition philosophique et révolutionnaire a été abandonnée au XIXe siècle ; il faut la renouer. H. Michel n'essaie pas d'ailleurs de dresser le programme complet de réformes que l'on pourrait tirer de cette inspiration individualiste élargie. « Il y faudrait, dit-il à la fin de sa thèse, un livre nouveau, tout différent de celui-ci qui se borne à poser des principes et à les illustrer seulement par quelques exemples. » Et H. Michel renvoie aux économistes la tâche d'élaborer la technique de l'individualisme renouvelé, en s'aidant des données positives de l'expérience moderne.

3. P. Archambault. - *L'Essai sur l'individualisme* [87] de P. Archambault porte aussi la marque de l'influence de Renouvier. Ce livre se compose de trois études, dont la

____

[87] Bloud, 1913.

première, intitulée : « Au cœur de l'individualisme », est consacrée à Renouvier. L'analyse critique que fait P. Archambault des idées de Renouvier est dans l'ensemble très sympathique, et si l'auteur, qui est catholique, n'admet pas sans de sérieuses réserves la philosophie protestante et rationaliste de Renouvier, il adhère du moins à l'individualisme social, qu'il pousse même beaucoup plus loin que le maître ne l'avait fait.

P. Archambault revendique pour chaque homme la garantie « de tout ce qui est à l'homme condition de progrès et de vie », de tout ce qui permet à l'homme d'accomplir sa destinée spirituelle. L'auteur, qui préférerait pour qualifier sa doctrine les termes de personnalisme ou de spiritualisme, accepte celui d'individualisme parce qu'il pose le primat de la personne humaine et met en vedette « sa volonté incoercible d'épanouissement total et d'expansion indéfinie ». Il convient de noter qu'au début de ses recherches P. Archambault était plutôt disposé a se défier de la doctrine individualiste et à la rendre responsable de la crise morale moderne. L'examen qu'il en a fait lui a montré que l'individualisme n'est point coupable des méfaits que d'ordinaire on lui impute, ou du moins que ce sont seulement certaines formes de. l'idée individualiste qui doivent être condamnées : l'individualisme libéral, ou aristocratique, ou anarchique. P. Archambault n'admet que l'individualisme social. Encore trouve-t-il que Renouvier ne l'a que trop timidement et incomplètement formulé,. Si, dans les mesures pratiques qu'il propose, Renouvier va parfois jusqu'au socialisme ou à l'étatisme, dans son fondement l'individualisme qu'il professe n'a rien de social. P. Archambault au contraire va plonger l'individuel dans le social, en s'appuyant sur cette remarque que pour porter l'individu à son plein épanouissement, il faut le replacer dans la société, l'encadrer dans les groupes sociaux qui faciliteront son développement et son action. Pour n'avoir pas procédé ainsi, Renouvier, dit-il, a commis la faute de n'attacher pas assez d'importance à la profession et à la famille, de ne considérer la famille que comme un groupement contractuel et volontaire, alors qu'elle est plus et mieux. Et il n'y a point là simplement, entre Renouvier et P. Archambault une divergence théorique. Prenons la question du divorce par consentement mutuel : Renouvier y est favorable parce qu'il estime que les personnes humaines qui se sont liées librement doivent pouvoir se délier de la même manière ; Archambault y est hostile parce qu'il juge l'indissolubilité du mariage nécessaire à la famille, et si ou lui objecte qu'alors il abandonne le point de vue individualiste, Archambault répond qu'en interdisant à l'individu « d'opposer ses intérêts particuliers à des nécessités collectives, sa liberté à des droits », il ne déserte point la cause de l'individu, qu'il met simplement au-dessus de l'individualité proprement dite, la « personne, idéal universel qui fonde nos fins propres, mais en les dépassant - ce qui est de l'individualisme encore, de qualité supérieure ». Un autre passage montre mieux encore peut-être par quel subtil tour de passe-passe P. Archambault passe de l'individuel au social. L'individu, dit-il, « a droit à la société, à la discipline et à la contrainte même qu'en certains cas elle suppose ; il a droit enfin, si l'ou veut me permettre une formule qui n'est paradoxale qu'en apparence, il a droit à n'avoir plus de droits lorsqu'il se heurte à une idée de justice ou à une nécessité supérieure ».

L'individualisme social a été généralement assez mal accueilli. A Renouvier et à H. Michel, les individualistes ont objecté que, sous couleur d'un élargissement de l'individualisme, ces philosophes avaient en réalité abandonné ce qui en est l'essentiel. Et deux considérations de fait permettent de penser que cette objection n'est point dénuée de valeur. D'une part, le flottement même de la pensée de Renouvier sur des questions très importantes montre qu'il n'a point réussi à trouver, comme il le cherchait, un critérium net de délimitation du domaine respectif de l'individu et de l'État. C'est ainsi que tantôt il approuve et tantôt il rejette le droit successoral des collatéraux ou le système du crédit gratuit. Parfois il va jusqu'à l'étatisme le plus caractérisé. Le plus souvent, il s'arrête à l'associationisme ; mais les groupements qu'il imagine, suscités, aidés et contrôlés par l'État, sont plutôt une forme assouplie de l'étatisme qu'une modalité élargie de l'individualisme. Aussi n'est-il pas surprenant que l'influence de Renouvier ait été très faible sur les individualistes. Elle a été beaucoup plus forte sur le radicalisme social d'un Léon Bourgeois, pu sur le socialisme d'un Jaurès ou d'un Victor Basch, ce qui montre bien que la doctrine de Renouvier a plus d'affinités véritables avec l'interventionnisme, ou le socialisme qu'avec l'individualisme. L'objection porte plus fortement encore peut-être contre P. Archambault. Il suffira que l'on se reporte aux textes cités tout à l'heure, pour voir qu'évidemment Archambault n'est point un individualiste ; il ne peut d'ailleurs en être un, puisqu'il est le fidèle d'une religion essentiellement sociale. Au reste, et nous y reviendrons par la suite, la généralité des catholiques ont fort bien compris qu'on ne peut être à la fois catholique et individualiste, et aucune école moderne peutêtre n'a été plus dure pour l'individualisme que celle des « catholiques sociaux ».

III. L'individualisme tempéré
par la règle morale
L'école de la « science sociale »

Si Le Play a continué d'écrire après 1870, jusqu'à sa mort qui se place en 1882, ses travaux des dernières années ne sont que des œuvres de vulgarisation. Ses écrits importants furent publiés sous le Second Empire : *Les Ouvriers Européens* en 1855, *Les Ouvriers des Deux Mondes* en 1858, *La Réforme Sociale* en 1864. Les idées de Le Play relèvent donc d'une époque antérieure à celle qui est étudiée dans cet ouvrage. Il nous suffira de rappeler que Le Play, appliquant à l'étude des faits sociaux la méthode monographique, arriva à cette conviction, que les sociétés prospères et heureuses sont celles qui restent fidèles à la tradition et qui respectent les principes du Décalogue. Le Play estimait que, depuis 1789, la France avait perdu son équilibre pour avoir isolé l'individu en le soustrayant aux anciens liens sociaux. Il critiquait très vivement le régime du partage égal et forcé, consacré par le Code Napoléon, qu'il accusait de détruire l'autorité du père et la stabilité de la famille. Il demandait qu'on y substituât le principe de la liberté testamentaire, de manière que l'héritier choisi par le père reçût de lui la totalité de sa fortune et la garde du foyer, cependant que les autres enfants, comme cela se pratique couramment en Angleterre, iraient chercher fortune ailleurs.

Peu de temps après la mort du maître, en 1885, un schisme se produisit parmi ses disciples. Tandis que les uns, groupés autour de la revue *La Réforme Sociale,* restaient fidèles à la méthode et aux conclusions de Le Play, les autres créaient l'école de *La Science Sociale* et apportaient à la pensée de Le Play une série de corrections. Nous n'avons pas à examiner celles de ces corrections qui se rapportent à la méthode, et qui sont ce que l'école de la Science Sociale a fait de plus intéressant. À nous en tenir aux conclusions, nous pouvons résumer le changement d'un mot qui eu montrera la portée. Alors que le traditionalisme était la note dominante de la pensée de Le Play, l'individualisme passe au premier plan chez les adeptes de la *Science Sociale.* Mais il s'agit d'un individualisme d'un caractère particulier, qui va chercher ses modèles dans la pratique anglo-saxonne et qui s'allie à de fortes préoccupations morales : par ces deux traits, les disciples émancipés gardent quelque chose de la pensée du maître.

En 1897, E. Demolins, qui avait été avec l'abbé H. de Tourville le fondateur de la revue *La Science* Sociale, publiait un petit livre : *À quoi tient la supériorité des Anglo-Saxons ?* [88], qui fit grand bruit, atteignit en peu de temps sa 26e édition, et fut traduit en huit langues étrangères. Le titre soulignait d'une manière brutale et provocante la thèse de l'ouvrage. Demolins mettait en parallèle le Français et l'Anglo-Saxon en des termes qui rappelaient, comme le remarqua spirituellement Jules Lemaître, l'histoire du bon sujet et du paresseux dans les images d'Épinal. Recherchant pourquoi à notre époque les Anglo-Saxons ont une vitalité et une puissance d'expansion plus grande que les Français, il en trouvait la raison dans ce fait que l'Angleterre et les États-Unis sont des pays à formation « particulariste », où l'individu est affranchi de la communauté, oh l'initiative privée et l'énergie individuelle jouent un plus grand rôle que l'action collective, tandis que nous sommes un peuple à

____

[88]   Didot, éd. *Cf, aussi L'éducation nouvelle*. Didot, 1899.

formation « communautaire », où chaque individu compte sur les autres et sur l'État, recherche la tranquillité et fuit la lutte pour la vie.

Cette formation communautaire n'avait pas trop d'inconvénients au temps de la petite production et de l'économie traditionnelle. Une éducation « tournée vers la stabilité, vers la tradition, vers le passé » était alors appropriée aux nécessités sociales. Il n'en est plus de même avec la grande production mécanique qui s'adresse à une clientèle mondiale. « L'innovation remplace... partout la tradition... Au lieu de la vie paisible et calme, c'est la vie intense et novatrice. Entre l'homme du passé et l'homme d'aujourd'hui, il y a la différence d'un soldat appelé à défendre une citadelle et d'un soldat appelé à tenir campagne ». De là, Demolins tire la nécessité d'une réforme totale de notre système d'éducation ; il ne faut plus que l'éducation tende simplement à situer l'individu dans une institution. L'individu aujourd'hui ne peut plus être encadré comme autrefois. L'entourage, le milieu « craquent constamment autour de lui », et l'homme qui n'aurait été formé qu'en fonction d'un cadre donné s'effondrerait, une fois ce cadre brisé. L'éducation, au lieu d'appuyer l'individu à sa famille et à son entourage,, doit lui apprendre à s'appuyer sur lui-même, à « savoir se remettre sur pied à tout événement ». À cette fin, Demolins recommande, non la transplantation intégrale en France du système d'éducation anglo-saxon, mais son adaptation au caractère et au tempérament français. En octobre 1899 s'ouvrait l'École des Roches, à trois kilomètres de la petite ville de Verne-ail (Eure), où Demolins essaya de mettre en pratique ses théories. Notons la place donnée dans cette école à l'éducation morale et religieuse. Le dernier chapitre de *À quoi tient la supériorité des Anglo-Saxons ?* [89] aurait pu faire croire à un lecteur superficiel que Demolins attachait peu d'importance à la morale; il y dénonçait en effet « l'insuffisance de l'action morale », et montrait que certaines époques, où l'homme s'était élevé très haut au point de vue moral, avaient été cependant des périodes de décadence sociale. Ce que Demolins voulait dire c'était simplement que l'action morale n'est pas à elle seule suffisante. Par une comparaison suggestive, il assimilait l'action morale à une graine qui germe ou ne germe pas, suivant qu'elle tombe sur un bon ou sur un mauvais terrain, et il pensait que le terrain social le meilleur serait celui qui aurait été préparé par une prédication individualiste : l'action morale consistant, en effet, essentiellement à se vaincre soi-même, on y sera d'autant mieux préparé que

____

[89] Didot, éd.

l'on aura reçu une formation sociale qui habituera à ne compter que sur soi-même dans la vie. Par ailleurs, nous apprend le directeur de l'École des Roches, G. Bertier [90], Demolins estimait que l'éducation morale devait être complétée et couronnée par l'éducation religieuse. « À cet égard, dit-il, Demolins avait des idées très nettes. La religion doit pénétrer la vie tout entière, guider chacun des actes, vivifier tous les domaines de l'activité... ;la religion était pour lui le ressort d'action le plus énergique. Le fait de « vivre sa religion » lui semblait être l'essentiel et *l'unum necessarium.*

Parmi les amis et disciples de Demolins, il convient de citer Paul de Rousiers [91]. Par sa vie professionnelle - il est Secrétaire général du Comité central des Armateurs de France -, de Rousiers possède une connaissance approfondie de la vie économique contemporaine. Il est mieux placé que personne pour suivre ce mouvement d'action collective dont généralement les individualistes ont tendance à sous-estimer l'importance. Tandis qu'un autre adepte de la Science Sociale, P. Descamps, recherchant si l' « humanité évolue vers le socialisme » [92], traitait en

---

90   P. De Rousiers, G. Bertier, P, Descamps, Ed. Demolins, *La Science Sociale*, août-septembre 1907.
91   *La Fonction de l'Élite dans la société moderne*, Science Sociale, octobre 1912 et janvier 1914.
92   Science Sociale, novembre 1906.

quelques lignes le phénomène des cartells et des trusts, et y voyait « le fruit de circonstances exceptionnelles et temporaires », P. de Rousiers prend comme acquise la substitution de plus en plus générale de l'action concertée à l'action isolée et de la grande entreprise à la petite ; et c'est sur cette substitution même qu'il va s'appuyer pour tenter d'établir que jamais la société n'a eu plus qu'aujourd'hui besoin de posséder de fortes individualités. Prenons l'exemple de l'industrie. Elle est la branche de production la plus évoluée, et celle où l'action collective a atteint le plus grand développement. La structure des entreprises est très différente de ce qu'elle était jadis. Les qualités qu'il fallait naguère au petit patron ne sont plus nécessaires au grand patron d'aujourd'hui. Mais le grand patron doit par contre posséder des qualités nouvelles qui supposent chez lui des aptitudes très variées. S'agit-il de l'achat des matières premières ? Il lui faut être un commerçant, doublé d'un financier quand ces matières sont sujettes à d'amples fluctuations de cours. S'agit-il de l'organisation de la production ? Il lui faut posséder des vues générales qui débordent la technique de sa spécialité professionnelle, surtout depuis que s'est développée l'intégration qui réunit dans une même firme des productions diverses. S'agit-il de la vente des produits ? Il lui faut une connaissance très large des goûts des consommateurs et de leurs variations.

Comme la grande production mécanique et scientifique moderne ne rencontre plus guère de limites naturelles, et que le risque de surproduction est un danger constant, les industriels d'aujourd'hui doivent consentir à se plier à l'organisation en commun de la vente, à la conquête en commun des marchés ; mais cela suppose entre eux des ententes permanentes, et la conduite de ces ententes ne pourra être assumée que par une sorte de « sur-élite », assez clairvoyante pour embrasser d'un coup d'œil les perspectives, assez habile pour imprimer aux adhérents une direction unique sans leur imposer d'insupportables contraintes.

P. de Rousiers pense que cette élite d'individualités supérieures, nécessaire à la gestion des grandes affaires, aura plus de chances d'exister si l'initiative privée et l'énergie individuelle, sont entretenues et cultivées, si l'individu n'est pas à tout instant limité et enserré par des coutumes et des règles qui le dépassent et s'imposent à lui d'autorité. Par là, il se rattache très étroitement aux théories de Demolins et d'H. de Tourville. En outre, son individualisme est, comme le leur, teinté de moralisme. La culture morale des individus paraît à P. de Rousiers d'autant plus nécessaire que se développent les formes modernes d'organisation économique collective. Pour que les masses se plient aux directives qui leur seront données par l'élite, pour que l'élite n'abuse pas de sa puissance et consente à subordonner à l'intérêt général l'intérêt particulier qu'elle représente, il faut aux uns et aux autres une haute moralité, et le frein moral devra aussi être d'autant plus fort que, dans nos sociétés modernes, l'esprit critique s'est accru, mettant en péril les vieilles pratiques morales traditionnelles.

Pour l'école de la *Science Sociale,* la liberté économique n'engendre donc l'harmonie sociale que sous cette condition, implicitement supposée ou explicitement formulée : que l'éducation maintienne et développe les forces morales et religieuses existantes. Novateurs et amis du progrès dans l'ordre économique et matériel, les continuateurs de Le Play demeurent traditionalistes dans l'ordre spirituel et moral. Et on peut se demander s'il n'y a pas quelque contradiction entre leur attachement très ferme au catholicisme et leur admiration pour des pays où domine le protestantisme - contradiction grave, s'il est vrai que les nations anglo-saxonnes sont redevables pour une large part au protestantisme de cet individualisme moral et social où l'école de la *Science Sociale* voit le secret de leur puissance.

IV. L'individualisme détaché
de l'orthodoxie libérale: A. Schatz

Dans son *Individualisme économique et social* [93], dédié à A. Deschamps et inspiré de son enseignement, A. Schatz prononce un réquisitoire violent contre l'école libérale. Aux libéraux français du XIXe siècle, A. Schatz reproche moins ce qu'ils disent que la manière dont ils le disent. Par la certitude et l'exclusivisme qu'ils professent, ils sont comparables aux fidèles d'une religion, excommuniant tout ce qui n'est pas rigoureusement orthodoxe. Et Schatz évoque, à propos de l'école orthodoxe, l'image d'une très vieille dame -Ch. Gide demanda s'il s'agissait de l'Institut - qui avait traversé la Révolution de 1789, la Restauration, la Révolution de 1848 « sans perdre la candeur de son âme d'enfant », qui attendait avec confiance le retour prochain de la branche légitime, « entretenait ses intimes de propos

---

93 Armand Colin, 1907.

archaïques et singuliers », et disait « avec une grâce charmante des choses qui avaient été profondément vraies sous Louis XV ». De même que cette dame se préparait à mourir « sans avoir daigné comprendre le présent », de même l'école orthodoxe « meurt en paix, entourée d'honneurs et d'indifférence ».

A. Schatz pourtant est un fervent individualiste, mais il conçoit l'individualisme à la manière anglo-saxonne, comme une doctrine de mouvement et de progrès. L'individualisme, pour lui, se décompose en deux éléments : à sa -base est une doctrine philosophique qui prend comme point de départ la psychologie réelle des individus, et propose comme fin dernière la réalisation du progrès social par l'essor de la personnalité humaine, étant entendu qu'il s'agit de la personnalité pleine et entière, ce qui implique que l'individualisme ne se confond ni avec l'égoïsme qui rétrécit et mutile l'individualité, ni avec l'isolement qui méconnaît lit nécessité de la vie en commun. À cette doctrine philosophique et sociale s'ajoute une doctrine économique qui indique comment s'opérera dans les meilleures conditions le passage du point de départ à la fin. Constatant qu'il existe un ordre économique spontané, « comparable par son caractère nécessaire et bienfaisant à celui qui s'établit entre les diverses fonctions de notre organisme », l'individualisme en conclut que le meilleur système de production et de répartition des richesses est celui qui respecte cet ordre économique spontané et consacre les deux institutions qui lui servent de fondement : la liberté et la propriété individuelle.

En quoi l'individualisme ainsi compris s'oppose-t-il au socialisme ? Ce n'est point en ce que l'un serait une doctrine de conservation et l'autre une doctrine de transformation. A. Schatz soutient qu'aucune doctrine n'est plus active que l'individualisme, puisqu'il se fonde sur l'intérêt personnel, « qui n'est jamais en repos », et sur la concurrence, « qui oblige l'individu à s'adapter aux situations changeantes ». Ce n'est pas non plus en ce que l'un serait aristocratique et l'autre démocratique, car l'individualisme est essentiellement démocratique, puisqu'il combat les privilèges et donne à tous les individus la liberté de s'épanouir et de se réaliser. La véritable opposition est d'ordre philosophique. Le socialisme est une forme du rationalisme. Tout socialiste croit que la raison peut dominer les instincts et organiser le mécanisme écono-mique. L'individualisme a moins de confiance en la raison ; il ne lui reconnaît qu'une place subordonnée et secondaire, et croit être en cela d'accord avec les données de l'observation et de la science. Dans l'individu, il considère que les instincts, les passions, les intérêts sont généralement plus puissants que la voix de la raison. Dans la société, il juge la raison hors d'état de substituer à l'ordre spontané un ordre supérieur. « Une société est un phénomène naturel, amoral, soumis à des lois propres de développement sur lesquelles la raison n'a que très peu de prise. » Et A. Schatz compare la raison à « l'ouvrière de la onzième heure », voire même à « la mouche du coche ».

Certains points de l'analyse de A. Schatz pourraient être discutés. Elle a, à mon sens, le grand mérite d'avoir montré que le conflit des doctrines n'est pas simplement une opposition de conceptions économiques, et qu'il n'est rien moins que la lutte de deux interprétations antithétiques de l'histoire et du monde, dont l'une met l'accent sur la puissance des fatalités naturelles, et l'autre sur le pouvoir libérateur et organisateur de l'action humaine [94].

---

[94] Parmi les représentants de l'individualisme modéré, il faut signaler aussi E. Levasseur (1828-1911), dont le libéralisme très ferme s'accompagnait d'un sens aigu du relativisme historique. Mais Levasseur n'a rien ajouté de proprement original aux thèses individualistes. Son oeuvre est celle d'un historien et non d'un doctrinaire, et ses plus importantes contributions se rattachent à l'histoire des faits plus qu'à celle des idées, Cf. cependant dans ses *Questions ouvrières et industrielles sous la troisième République,* Rousseau, 1907, le chapitre VII, consacré à l'Évolution des doctrines économiques et socialistes en France.

Chapitre III

L'individualisme et l'après-guerre

tdm

La guerre de 1914-18 a accentué l'écart entre la réalité économique et l'idéal individualiste. Loin d'assurer le « milieu libre », l'État, durant la guerre, a multiplié les réglementations et les contraintes. Les individus ont accepté d'être embrigadés, parce que le sentiment national atténuait l'individualisme intransigeant, de même qu'il endiguait le socialisme révolutionnaire. Une fois la guerre terminée, le sens de l'indépendance individuelle et le désir de la libre activité se ranimèrent. D'où une renaissance de la doctrine individualiste sous ses diverses modalités. En outre, comme l'étatisme avait pris durant la guerre une extension considérable et que, dans l'après-guerre, s'ébauchaient des formules nouvelles d'organisation économique collective et publique, les individualistes ont été amenés à renforcer et à compléter certaines de leurs argumentations pour mieux combattre l'emprise, directe ou indirecte, de l'État sur la vie économique.

I. L'individualisme extrême

1. Individualisme et sentiment national. H. L. Follin. - Les économistes individualistes ont toujours souhaité que soient réduits au minimum les effets économiques de la division du monde en nations. On se rappelle le mot célèbre de Turgot: « Quiconque n'oublie pas qu'il y a des États politiques séparés les uns des autres et constitués diversement ne traitera jamais bien aucune question d'économie politique » [95]. Ceux d'entre eux (un Adam Smith, à la fin du XVIIIe siècle, ou un P. Leroy-Beaulieu de nos jours), qui tinrent compte, dans l'élaboration de leurs programmes économiques, des intérêts propres de la nation à laquelle ils appartenaient, furent par là entraînés à admettre de sérieuses entorses à l'idée individualiste, ce qui

---

[95] *Lettre à -Mademoiselle de Lespinasse (1770).*

semble montrer qu'individualisme et nationalisme sont bien des termes opposés. Cette opposition a été mise en lumière avec beaucoup de force dans les écrits récents de H.-L. Follin. Militant de l'individualisme longtemps avant la guerre, H.-L. Follin avait en 1901 fondé un journal, *L'Individualiste*, devenu à la veille de la guerre *l'Individualiste Européen. Sous* le pseudonyme d'Henri Léon, il avait donné diverses études au *Journal des Économistes,* une entre autres [96], où il discutait d'une manière intéressante les définitions de, l'individualisme. En ces dernières années, H.-L. Follin s'est attaché surtout, dans une revue créée en 1923, *L'Ordre naturel, journal des peuples* [97], et dans un curieux livre : *La Révolution du 4 septembre* 19.. [98], à tirer de l'idée individualiste la condamnation de tout sentiment national.

Il n'y a, dit H.-L. Follin, que des intérêts individuels. Les prétendus intérêts collectifs, qu'il s'agisse d'intérêts de classes ou d'intérêts nationaux, sont une pure fiction. Mais tous les intérêts individuels ne sont pas de même nature. Certains sont légitimes (c'est-à-dire harmoniques), d'autres illégitimes (c'est-à-dire inconciliables entre eux). En fait, la notion d'intérêt collectif est l'abri et le prétexte derrière

------

[96] Numéro d'avril 1899.

[97] A. Delpeuch. éd.

[98] Éditions Liber, 1921 ; cf. aussi ses *Principes sociaux de l'Ordre naturel,* aux éditions « Liber », Maison individualiste, 69, rue du Faubourg St-Martin. Paris, s. d.

lesquels se cachent les intérêts illégitimes, et surtout l'intérêt de domination. De ces prétendus intérêts collectifs, celui que H.-L. Follin combat le plus âprement, c'est l'intérêt national. « Il n'y a pas d'intérêts nationaux, il n'y a pas d'honneur national, le prestige national est une fumée. » Et la cause véritable des guerres n'est point le capitalisme, comme le croient généralement les socialistes, mais cette croyance néfaste à un intérêt national qui n'est qu'un mythe. Notons que H.-L. Follin admet cependant l'existence des nations, mais il voudrait que les « circonscriptions nationales » ne fussent que des unités administratives. N'ayant par ailleurs aucune confiance en la Société des Nations, parce que, dit-il, une institution émanée des particularismes nationaux n'est point qualifiée pour les abolir, H.-L. Follin préconise l'établissement d'une « république supra-nationale », dont il a rédigé la profession de foi et qui n'a pas jusqu'ici réuni beaucoup d'adhésions [99]. H.-L. Follin ne paraît pas se faire de grandes illusions sur les chances de réalisation de son système. Après avoir consacré tout un livre - pour lequel il eut « toutes les peines du monde à trouver un éditeur » - à imaginer ce que pourrait être une révolution individualiste, il explique qu'il a écrit cette histoire faute d'avoir pu la vivre, que Napoléon et

---

[99] *Cf. Les Documents de la République supra-nationale*, no 1, mai 1924. A. Delpeuch, éd.

Jésus-Christ ont vécu leur rôle parce qu'ils s'appuyaient sur des forces puissantes de la nature humaine, tandis que lui ne flatte ni les illusions ni les passions ; et il évoque mélancoliquement la maxime de Guillaume le Taciturne : « Il n'est pas nécessaire d'espérer pour entreprendre, ni de réussir pour persévérer. »

Pourtant les événements récents de Russie et d'Italie semblent lui avoir redonné quelque espoir. Puisqu'un Lénine ou un Mussolini ont pu s'emparer du pouvoir, pourquoi un dictateur individualiste ne ferait-il pas de même ? Il suffirait de trouver un homme qui fût capable de dompter la foule et décidé à mettre sa puissance au service de l'individualisme supra-national.

2. Individualisme et contraintes politiques : M.-L. Lefort. - Les partisans les plus hardis de l'individualisme extrême tiennent d'ordinaire à ne pas être traités d'anarchistes. De Molinari, si hostile qu'il fût à l'État, reconnaissait cependant qu'une société « ne peut exister qu'à la condition d'imposer à ses membres des règles de conduite, autrement dit des lois commandées par son intérêt ». Et comme Ch. Gide avait déclaré que les anarchistes n'étaient que des libéraux logiques jusqu'au bout, Frédéric Passy protesta avec véhémence qu'il y avait un abîme entre les uns et les autres. Il est cependant des auteurs qui font en quelque sorte le pont entre l'individualisme et l'anarchie. Tel est Marc-L. Lefort, dans son petit livre : *Mon Individualisme* [100]. M.-L. Lefort distingue « les contraintes économiques » et les « contraintes politiques ». Les contraintes économiques - par là l'auteur entend les lois économiques telles que celle de l'offre et de la demande - sont naturelles, inévitables et bénignes. Elles résultent de la nature des choses et ne sont point exercées par des hommes sur d'autres hommes. Les contraintes politiques, qui dérivent de l'existence de l'État, sont artificielles et évitables. En vain tente-t-on de justifier l'État en disant qu'il assure la sécurité extérieure. La nation « n'est qu'une entité artificielle que nourrit une opposition artificielle entre les peuples », et l'État n'est point fondé à se vanter de nous défendre contre l'agression étrangère, puisque c'est lui qui préalablement « a fait naître et entretenu la mentalité d'agression chez tous les peuples ». Quant à la sécurité intérieure, M.-L. Lefort affirme que ce ne sont pas les lois, mais les mœurs, qui règlent les relations sociales, que donc « parlements, tribunaux, bureaux font en

---

[100] Éditions Liber, s. d.

réalité une oeuvre à peu près vaine ». - Notre société ressemble « à quelque édifice de granit autour duquel on maintiendrait de grêles échafaudages avec l'illusion qu'ils l'empêchent de tomber ». M.-L. Lefort conclut que l'État devrait être aboli, tout en reconnaissant qu'en fait il ne peut l'être du jour au lendemain et qu'au plus on peut espérer le démembrer peu à peu. Mais il voudrait qu'on séparât tout de suite le « politique » de l' « économique », ce qui, pratiquement, suppose « la liberté absolue de la production, de l'échange, de la circulation - le contrat devenant loi unique des parties - la disparition des personnes morales, créations arbitraires de la loi ». Si on lui objecte que la liberté économique conduit à l'anarchie et l'anarchie au désordre, M.-L. Lefort répond par cette déclaration significative :

« J'aime mieux le désordre que la caserne. La vie me parait plus supportable dans la jungle primitive, au milieu des animaux humains nies frères, que dans la cité rectiligne des communistes. L'écuelle fût-elle bien garnie, je la goûterai mal si j'entends derrière moi le pas botté d'un adjudant. »

3. Individualisme et contrainte sociale : E. Armand. -

Avec M.-L. Lefort nous étions aux confins de l'anarchisme. Nous y pénétrons en plein avec E. Armand. Dans son *Initiation individualiste-anarchiste* [101], E. Armand, déjà connu avant la guerre comme rédacteur de diverses feuilles anarchistes, donne un exposé d'ensemble de ses idées, écrit au cours d'une détention de quatre ans et demi à la maison centrale de Nîmes.

La note dominante. de cet ouvrage est un individualisme exaspère, que révolte toute contrainte sociale. « Nous posons en thèse, écrit E. Armand, que quiconque réfléchit et considère attentivement les hommes et les choses rencontre dans l'ensemble des manifestations sociales réunies sous le nom de Société une barrière à peu près infranchissable à la vie vraie, libre, individuelle. » En des pages éloquentes, E. Armand oppose la joie de « vivre cette vie libre » à la tristesse morne de la vie sociale actuelle où l'on rencontre toujours devant soi « des lois, des poteaux frontières, des morales, des conventions, des gardes champêtres, des juges, des usines, des prisons, des casernes, des hommes en uniformes qui protègent, maintiennent ou défendent un

---

[101] Éditions de *l'En dehors*, 1923.

ordre de choses gênant ou entravent l'expansion de l'individu ». Au point de vue économique, E. Armand repousse délibérément les solutions de l'anarchisme communiste. Il montre que le système de la « mise et prise au tas » implique l'existence d'une administration « compliquée, tracassière et inquisitoriale comme le sont toutes les administrations », si l'on veut que les premiers venus ne vident pas le magasin commun. Le seul régime qu'il accepte, parce que le seul garantissant l'autonomie de la personne, est celui de la propriété individuelle du moyen de production, et de la libre disposition du produit. L'individu propriétaire de son outil ou de sa terre n'aurait naturellement pas le droit de les louer ou de les faire exploiter par quelqu'un à son service. Il ferait valoir lui-même sa propriété et échangerait librement les produits qu'il en tirerait contre ceux des autres producteurs. E. Armand reconnaît que cet échange suppose un étalon des valeurs. Celui qui a ses préférences semble reposer sur « la peine, le labeur, le travail que le producteur aura dépensé ». Sa pensée reste d'ailleurs flottante, car il admet que le prix proposé par le producteur-offrant, et calculé sur la base de son travail, pourra être discuté par le producteur-demandant « en raison de l'intensité plus ou moins vive de son besoin ». Comment concilier d'autre part le régime de la propriété personnelle avec la technique de la production collective ? E. Armand sent bien la difficulté de cette conciliation. Aussi s'irrite-t-il contre les transformations économiques modernes, contre la « Machine à vapeur » et la « Production en série ». Manifestement il eût préféré la survivance de l'organisation économique médiévale et de l'artisanat, même au prix d'une productivité moindre. Pour l'individualiste anarchiste, « plutôt une hutte, un verre d'eau et une poignée de châtaignes que la besogne en commun avec qui ne lui plaît pas... Que toute la civilisation périsse avec ses maisons à vingt étages, ses ascenseurs, ses aérobus, ses rapides, son télégraphe sans fil, son cinéma, si tout cela doit augmenter la dépendance de l'individu ». Pourtant, comme il n'est pas en son pouvoir de supprimer le système de la production collective, E. Armand admet comme pisaller l'association des producteurs en vue de la possession et de l'exploitation des moyens de production qui dépassent les possibilités individuelles. Mais du moins exige-t-il que cette association soit absolument libre et volontaire, et que chaque associé puisse à tout moment se retirer du groupe, recevoir le remboursement de sa part et revenir au système de la production isolée.

II. L'individualisme modéré :
Ed. Villey

Ed. Villey ne saurait être confondu avec un anarchiste, car toutes les fois que l'ordre public est ou lui paraît en péril, il n'hésite pas à réclamer les mesures les plus autoritaires. Ainsi Ed. Villey refuse aux instituteurs le droit d'enseigner les doctrines subversives parmi lesquelles il range le matérialisme et le déterminisme. Et il estime que le devoir de l'État serait de dissoudre la Confédération Générale du Travail.

Pourtant Ed. Villey est, dans l'ordre économique, un fervent libéral. Aux premières pages de son livre [102] il proclame que « l'homme n'est lui-même que dans la mesure où il est libre » et que sans la liberté. « la vie ne mériterait pas la peine d'être vécue ». Dans la conclusion, il répète que l'individu est le véritable agent du progrès social, que non

____

[102] Ed. Villey, *L'État et le Progrès Social*, Presses Universitaires, 1923.

seulement il en a seul l'initiative, mais qu'il en détient les principaux ressorts.

Mais chez Ed. Villey, comme chez les adeptes de l'école de la Science Sociale, individualisme et libéralisme sont limités et complétés par de très vives préoccupations morales. Ed. Villey tient d'ailleurs le maître de l'École, Le Play, « pour le plus profond penseur du siècle dernier ». Dans le chapitre le plus instructif de son livre, il passe en revue tout le cycle de l'économie politique et montre comment les grands problèmes économiques ont pour origine la, violation de la loi morale et ne peuvent être résolus que par une renaissance de la moralité,. Individualisme et moralisme s'interpénètrent ainsi pour aboutir à cette formule : « Il faut que toutes les institutions sociales soient constamment dirigées vers ce double but : accroissement de la moralité publique, accroissement des énergies individuelles. »

Sur la base de ces idées directrices, Ed. Villey entreprend de délimiter la sphère légitime de l'action de l'État. Dès le début de sa carrière d'économiste, Ed. Villey avait abordé cette question dans un mémoire qui fut couronné par l'Institut et publié en volume en 1882: *Du rôle de l'État dans l'ordre économique* [103]. Comme l'autre lauréat du concours - A. Jourdan [104] —, Ed. Villey s'était prononcé contre l'extension des attributions économiques de l'État, mais sans pousser l'anti-étatisme jusqu'au degré extrême des individualistes intransigeants. Dans son récent ouvrage, Ed. Villey demeure fidèle à ces conclusions. Il reconnaît à l'État trois fonctions légitimes. La première est le maintien de l'ordre public - et nous avons vu tout à l'heure qu'ici Ed. Villey ne marchande point à l'État les raisons ni les moyens d'action - En second lieu, l'État doit assurer l'éducation morale, et comme il n'y a pas de morale véritable sans sanction, Ed. Villey demande que l'on restaure dans l'école « l'ancienne morale, la vraie morale, la morale basée sur la croyance à Dieu et à la spiritualité de l'âme ». Enfin, Villey désire que l'État serve d' « excitant au progrès social » : c'est là surtout qu'il va se séparer des libéraux extrêmes. Le devoir de l'État est d'employer la force sociale à développer en l'homme les facultés productrices. Pratiquement cela conduit à légitimer l'organisation par l'État de l'orientation professionnelle et de l'enseignement technique, et l'appui donné sous forme de subventions, de prêts sans intérêt ou à faible intérêt, ou d'une législation de faveur, aux organismes de crédit populaire, de prévoyance sociale, d'habitations à bon

---

[103] Guillaumin.
[104] Même titre, Rousseau, 1882.

marché. Un programme très large d'action sociale peut donc se concilier avec l'individualisme libéral d'Ed. Villey, à condition que l'État, dans cette action sociale, pratique le « système animateur » et non le « système pourvoyeur ». Au cours d'un article de la *Revue d'Économie Politique* [105], postérieur à son livre, Ed. Villey a bien marqué la différence qu'il établit entre ces deux systèmes. « Il y a deux grands systèmes de gouvernement : l'un dans lequel l'État s'arroge la tâche, d'ailleurs irréalisable, de pourvoir à tous les besoins de l'homme et de le garantir contre tous les risques. C'est le système que j'appelle pourvoyeur, système qui supprime dans l'homme toute initiative, toute liberté et tout effort. Dans l'autre système, que j'appelle animateur, l'État emploie la force sociale dans le but de développer toutes les facultés individuelles et de rendre l'homme, en lui laissant sa liberté et sa responsabilité, capable de pourvoir par lui-même à ses besoins et de se garantir contre les risques qui le menacent. Le premier diminue l'homme tandis que le second l'élève : car l'homme ne peut s'élever et progresser que dans la liberté et par la liberté. »

---

[105] 1924, p. 574.

III. La critique des formules nouvelles d'organisation économique

La guerre a été une « colossale expérience étatiste ». Durant quatre années, l'État a été le grand maître de la vie économique. C'est lui qui achetait à l'étranger les matières premières et les produits fabriqués. En France, il avait le droit de réquisition et en usait largement. Par l'intermédiaire des consortiums qu'il contrôlait, il orientait à son gré la production et exerçait une influence directe sur les prix. Bref, l'État assumait les fonctions d' « Intendant suprême de la fortune nationale ». Les libéraux n'ont pas eu de peine à montrer que cette gestion étatiste a engendré, bien des inconvénients. R. Carnot, décrivant les méthodes d'exploitation des établissements industriels de l'État [106], Ad. Delemer, dressant le bilan financier des transports

---

106 *L'Étatisme industriel,* Payot. 1920.

maritimes d'État, du service du ravitaillement en denrées alimentaires, du consortium des essences et pétroles [107], C.-J. Gignoux, étudiant l'arsenal de Roanne [108], Zapp, examinant dans quelles conditions s'est faite la liquidation des stocks [109], s'accordent à affirmer que les critiques adressées avant la guerre à l'étatisme économique par la doctrine individualiste ont reçu des faits une éclatante confirmation.

Au reste, les socialistes et socialisants reconnaissent volontiers que l'étatisme de guerre, à leur avis nécessaire, n'a pas donné de brillants résultats. Mais quand il s'agit de déterminer la portée de l'échec de l'étatisme de guerre, le désaccord reparaît. Les partisans de l'économie publique soutiennent que les expériences du temps de guerre, en suggérant certaines transformations dans les méthodes de gestion des entreprises publiques, doivent permettre de placer l'État à la hauteur de son rôle économique [110]. Les individualistes sont au contraire portés à croire que l'incapacité économique de l'État est irrémédiable, et à

---

[107] *Le bilan de l'Étatisme*, Payot, 1922.

[108] *L'Arsenal de Roanne et l'État industriel de guerre*, Thèse Lyon, 1920.

[109] *L'incapacité commerciale de l'État*, Revue Politique et Parlementaire, juin 1921. Cf. aussi Olphe-Gaillard, *Histoire économique et financière de la guerre (1914-1918)*, Rivière, 1925.

[110] Cf. en ce sens : E. Milhaud, *La marche au socialisme*, Grasset, 1920 ; Favareille, *Réforme administrative par l'autonomie et la responsabilité des fonctions*, Albin Michel, 1919 ; A. Thomas, *Proposition de loi tendant à l'autonomie financière et industrielle des établissements de l'État*, Doc. Parl. Chambre, 1919, no 6045, et les rapports Digat, au *Congrès du Cartel des services publics* (mars 1924), et Toesca au *Congrès de la Fédération des Fonctionnaires* (mars 1924).

dénoncer la vanité des formules nouvelles qui prétendent la corriger [111].

1. La nationalisation industrialisée. - Les projets de nationalisation industrialisée ont tout de suite trouvé, en les individualistes des adversaires résolus. A. Sehatz et Delemer, dans leurs ouvrages précités, s'y montrent tout à fait hostiles [112]. A. Schatz a inséré dans son livre une étude très fouillée et très précise, faite par un comptable des chemins de fer du Midi, Naudy, et qui porte plus spécialement contre la nationalisation des chemins de fer. Naudy s'attache à montrer que les rouages prévus par le projet du C.E.T. ne sont nullement, comme le prétendent ses partisans, symétriques aux rouages directeurs d'une entreprise privée normale. Le projet du C.E.T. met à la tête de l'exploitation deux organismes : 1° un conseil central de gestion composé de 48 membres (qui serait le pendant des

---

[111] Certains individualistes se sont cependant montrés favorables à l'utilisation par l'État des méthodes administratives que recommande H. Fayol pour les entreprises privées. Mais c'est seulement pour les services non-économiques que la « fayolisation » leur paraît souhaitable ; pour les services économiques, ils préfèrent la désétatisation pure et simple. Cf. A. SCHATZ, *L'entreprise gouvernementale et son administration*, Grasset, 1922 ; Zapp, *Les gestions industrielles de l'État*, dans : La Politique financière et monétaire de la France (Compte rendu de la Semaine de la Monnaie), Alcan, 1922.

[112] Cf. également F. Lepelletier, *La nationalisation industrialisée*. Revue catholique des institutions et du droit, janvier-février 1913.

assemblées générales des actionnaires) ; 2° une délégation permanente de 12 membres (qui serait le pendant du conseil d'administration). Naudy fait remarquer que dans une société anonyme, le véritable moteur de l'entreprise n'est ni l'assemblée des actionnaires, ni le conseil d'administration, mais l'administrateur-délégué, personnage unique, stable, compétent, responsable moralement et pécuniairement, auquel dans ce projet rien ne correspond. Quant au conseil central et à la délégation, Naudy note que leurs membres seront d'origine différente et exprimeront des points de vue contradictoires. On se rappelle en effet que la caractéristique de la nationalisation industrialisée est la représentation tripartite du personnel, des usagers et de l'État. Naudy craint qu'une collusion ne s'établisse entre les délégués du personnel et ceux des usagers, qui traduisent les uns et les autres des intérêts particuliers, et que cette collusion n'entraîne le relèvement des traitements des cheminots et l'abaissement des tarifs de transport, d'où une gestion fatalement déficitaire dont s'accommoderaient aisément les délégués, puisqu'ils n'auraient pas d'intérêt pécuniaire à une bonne gestion, mais dont souffrirait l'ensemble des contribuables. Bref, il n'y a qu'une analogie superficielle entre l'organisation proposée et l'entreprise privée, et celle-là n'est que la caricature de celle-ci.

2. Les sociétés d'économie mixte. - La nationalisation industrialisée est restée jusqu'ici à l'état de projet, et depuis l'échec des grandes grèves de 1920, personne n'a plus pensé qu'elle eût chance de se réaliser promptement. Beaucoup plus redoutable pour les adversaires de l'étatisme économique est apparue l'idée d' « économie mixte », qui depuis 1921 a inspiré plusieurs projets de loi gouvernementaux [113], qui donc risque de devenir du jour au lendemain une réalité. Si nous négligeons les détails pour ne retenir que l'essence de ces formules nouvelles, proposées pour l'aménagement du Rhône, la fabrication de l'ammoniaque synthétique, J'exploitation des mines de potasse d'Alsace, on peut dire que les sociétés d'économie mixte veulent être un type d'organisation distinct à la fois du « capitalisme égoïste » et de l' « étatisme stérile ». La société tirera son capital d'actions et d'obligations souscrites pour une part - faible - par des individus, et pour une part - beaucoup plus forte - par l'État ou les collectivités intéressées à la bonne marche du service (la ville de Lyon, les départements riverains, etc., pour l'aménagement du Rhône ; les syndicats agricoles pour la fabrication de

____

[113] L'un d'entre eux, celui qui est relatif à l'aménagement du Rhône, est même devenu loi ; mais la société prévue par cette loi n'a pas été encore constituée.

l'ammoniaque). L'entreprise sera gérée par un conseil d'administration et une assemblée générale où l'État, les collectivités, les individus seront représentés au prorata de leur apport. Les bénéfices n'iront point aux actionnaires, qui ne toucheront qu'une rémunération forfaitaire (égale, dans le projet sur les mines de potasse, à 2% de plus que le rendement moyen de la rente française dans l'année). Une part des bénéfices sera versée à l'État ; une autre aux réserves ou à des oeuvres d'intérêt collectif. On ne viserait pas d'ailleurs à porter les bénéfices au maximum, mais bien plutôt à réduire au minimum le prix des produits du service, dans l'intérêt des consommateurs.

Un des principaux collaborateurs de la Société *d'Études et d'Informations économiques,* qui est l'organe de documentation et de propagande de quelques grands groupements patronaux français, E. Mireaux, a, dans un article de la *Revue Politique et Parlementaire,* pris l'offensive, contre les projets d'économie mixte [114]. Disséquant le statut des sociétés projetées, E. Mireaux souligne, comme le faisait Naudy à propos de la nationalisation industrialisée, les différences profondes entre les sociétés que l'on veut créer et les

---

[114] Cf. aussi : H. Truchy, *L'État actionnaire,* Communication à la Société d'Économie Politique, Journal des Économistes, mars 1923, et la discussion engagée à la Société d'Études législatives, en février 1924, sur le rapport de L. Rolland.

ordinaires sociétés anonymes. Il relève dans les formules nouvelles le souci d'éliminer ou de reléguer à l'arrière-plan les individus, d'associer à la gestion les collectivités consommatrices et les représentants du personnel, de réserver à l'État des fonctions étendues clé contrôle et une part importante du bénéfice. Et rapprochant ce système des projets de la C.G.T. ou du C.E.T., et de la doctrine exposée par Otto Bauer dans sa *Marche au socialisme,* Mireaux en montre la parenté étroite, ce qui lui permet de conclure : « La formule nouvelle est une formule socialiste et qui n'a même pas le mérite de la nouveauté. »

À la vérité, cette opinion ne cadre pas très bien avec les faits, puisque les formules nouvelles ont reçu l'assentiment d'un Parlement qui n'était en aucune manière socialiste. Peut-être, pour prendre une vue exacte des choses, convient-il de distinguer, comme nous l'avons fait précédemment, la technique et la mystique, de dire que la technique de la gestion tripartite et de l'économie mixte peut être mise au service d'idéals très différents, et que la Chambre ne l'a acceptée que parce qu'il lui a paru qu'elle pouvait servir les intérêts de la nation ou du monde agricole. Mireaux n'admet point cette interprétation. Pour lui, la technique de l'économie mixte recouvre une philosophie à laquelle elle est indissolublement liée. Tandis que l'individualisme libéral considère que le progrès social est l'œuvre des individus et le fruit de la liberté, et que par conséquent la collectivité a intérêt à laisser se développer librement les initiatives individuelles, la philosophie de l'économie mixte suppose que les forces collectives et anonymes sont les véritables puissances créatrices auxquelles se doivent subordonner les volontés particulières. Et, précisant encore l'objet du conflit, Mireaux déclare que les deux philosophies se font des conceptions opposées du rôle et de l'utilité de l'entrepreneur. L'individualisme libéral estime que l'entrepreneur est « le premier et le plus nécessaire des producteurs », que son activité créatrice est « un combat permanent contre des difficultés de tout ordre sans cesse renaissantes », que pour que l'entrepreneur sorte victorieux de ce combat, il lui faut être libre de régler comme il l'entend l'aménagement des forces productives et avoir l'espoir, en cas de victoire, de conserver pour lui le profit. L'économie mixte repose sur cette croyance, que la propriété privée et la gestion individuelle sont des survivances historiques et des privilèges illégitimes, et que le capitalisme en est arrivé à un point d'évolution où l'aménagement de la production, pour être efficace, doit nécessairement revêtir une forme collective et anonyme.

C'est à la philosophie individualiste et libérale que vont les préférences de E. Mireaux, et au nom de cette philosophie qu'il condamne les essais d'économie mixte.

Livre III

Les doctrines intermédiaires

tdm

Chapitre I

Le radicalisme social

I. Le solidarisme de L. Bourgeois

tdm

En 1896 paraissait dans la *Nouvelle Revue* une étude qui, publiée l'année suivante en volume [115], eut un très grand retentissement. L'auteur, L. Bourgeois, était un homme politique en vue, un des chefs du parti radical. Il se proposait de construire une doctrine qui pût servir d'expression théorique au programme social de son parti, lequel se place sur le terrain démocratique et réformiste.

La doctrine de Léon Bourgeois s'ordonne autour de la notion de solidarité. Déjà en 1890, Ch. Gide avait pris la solidarité comme devise de l' « École nouvelle », dont il exposait avec son charme coutumier les idées maîtresses [116]. Mais c'est L. Bourgeois qui, de la solidarité, tira le *solidarisme*.

Le solidarisme a pour point de départ la constatation du lien d'inter-dépendance qui relie tous les membres d'une société donnée. Cette constatation est banale. Comme on l'a remarqué, elle fait le fond de l'apologue de Menenius

---

[115] *Solidarité*, Armand Colin, 1897, 9e édition, 1922.
[116] *Quatre écoles d'économie sociale*, Genève, 1890.

Agrippa, et aussi du dogme du péché originel. L'apport propre de L. Bourgeois sur ce point consiste à montrer pourquoi le fait de la solidarité prend de nos jours une importance croissante. Les progrès des sciences, et en particulier de la microbiologie, rendent de plus en plus visible l'inter-dépendance sociale. L'évolution économique la rend de plus en plus réelle, puisqu'elle étend la division du travail (fondement de ce que Durkheim appelle la solidarité organique) et la concentration urbaine, qui multiplient les contacts entre les individus. Comment, du fait de la solidarité, L. Bourgeois passe-t-il à la doctrine du solidarisme ? C'est ici le point délicat et qui demande à être examiné de près. Les adversaires de L. Bourgeois lui ont souvent reproché d'avoir confondu le fait et le devoir, ou du moins d'avoir trop rapidement conclu de l'un à l'autre, et ils ont remarqué d'une part que l'individu n'est point tenu de se plier devant les faits, qu'il peut légitimement vouloir y résister et les transformer, d'autre part que la solidarité-fait est loin d'être toujours belle, et qu'il y a une solidarité dans le malheur et le mal comme dans le bonheur et le bien. Ces objections devaient tout naturellement naître à la lecture du petit livre *Solidarité.* Mais il suffit de se reporter à *L'Essai d'une philosophie de la solidarité* [117] pour voir que L. Bourgeois

---

[117] Alcan, 1902.

a su finalement éviter toute confusion entre la solidarité-fait et la solidarité-devoir. Dans le dernier état de la doctrine, le fondement de la solidarité-devoir n'est point la constatation de la solidarité-fait, mais le sentiment de la justice, et le raisonnement de L. Bourgeois peut se schématiser de la manière suivante : nous voulons que la société soit juste ; nous constatons que naturellement règne une solidarité de fait dont les résultats sont parfois conformes, parfois contraires à la justice. Nous appuyant sur cette constatation, nous nous servirons de la solidarité-fait pour en modifier le jeu naturel de manière à introduire dans la société plus d'équité qu'il n'y en a naturellement.

L. Bourgeois se garde d'ailleurs de rechercher d'où vient en nous le désir de justice, parce qu'une investigation de ce genre l'entraînerait sur le terrain de la métaphysique, où la doctrine solidariste s'interdit de pénétrer. Il se borne, prenant le sentiment de justice: comme un fait, à affirmer que ce sentiment ne sera,, satisfait que s'il y a équivalence entre ce que chacun de nous donne à la société et ce qu'il reçoit d'elle. Or., en fait, cette exigence de la justice n'est point toujours respectée. Il y a des individus qui reçoivent de la société infiniment plus qu'ils ne lui donnent, ce sont ceux qui profitent des accumulations matérielles et spirituelles réalisées par les générations antérieures, sous la, forme du capital et de l'instruction. D'autres, à l'inverse, reçoivent de la société un salaire qui suffit tout juste à les faire vivre, eux et les leurs. Le solidarisme prétend qu'il existe à la charge des premiers une véritable dette sociale. Tant qu'ils ne l'ont pas acquittée, ils restent débiteurs de la société, et leurs biens sont grevés à son. profit d'une véritable hypothèque. En droit strict, les bénéficiaires de la créance devraient être ceux qui ont apporté à la société ces biens matériels et spirituels, dont les privilégiés aujourd'hui profitent. Mais ils sont morts, donc hors d'état de faire valoir leur créance. La dette sociale s'acquittera d'une autre manière, au profit des déshérités actuels dont les privilégiés devront améliorer le sort, et des générations futures auxquelles ils devront transmettre intact et même accru l'héritage qu'ils ont reçu de leurs prédécesseurs. Ainsi sera respectée la solidarité-devoir dans l'espace et dans le temps.

Pour mieux marquer encore qu'il existe à la charge des privilégiés, non pas seulement un devoir moral, mais une véritable dette, juridiquement exigible, et que la solidarité n'est point la charité, L. Bourgeois a inventé la théorie du quasi-contrat social. C'est la partie la plus originale de sa doctrine. Nous verrous tout à l'heure que ce n'est pas la plus solide. L. Bourgeois reconnaît que l'on ne peut mettre à la base de la société un contrat social, comme l'avait fait J.-J.

Rousseau ; car il est trop évident que les membres de la société n'ont jamais passé un tel contrat, et que ce n'est point par un acte volontaire que l'individu à sa naissance adhère à la société. Mais notre Code civil ne connaît-il pas des catégories juridiques d'où dérivent des obligations, en dehors de tout contrat ? Si un individu gère les affaires d'un autre sans que cet autre l'ait chargé de cette gestion, ni même l'ait connue, le gérant est en droit de demander, sous certaines conditions, une indemnité au géré. Pour expliquer l'obligation du géré, on dit qu'il y a quasi-contrat, ce qui signifie que l'on est dans une situation voisine d'une situation contractuelle et qu'il y a une analogie étroite entre le rapport qui unit gérant d'affaires et géré et celui qui unirait mandataire et mandant. Ne peut-on pas dire, de même, que l'individu qui tire de la société plus qu'il ne lui donne est débiteur envers elle, quoiqu'il ne soit pas lié à elle par un rapport contractuel ? Ne peut-on pas parler en ce cas d'un quasi-contrat social ?

De la doctrine solidariste découle un programme de politique pratique [118]. La propriété individuelle subsiste, mais elle se transforme de droit absolu en fonction sociale. Par là, le solidarisme rejoint les doctrines de philosophes

------

[118] *Les applications sociales de la solidarité*, Alcan, 1904.

comme A. Fouillée et de juristes comme L. Duguit. La société ne sanctionnera le droit du propriétaire que si, et dans la mesure où, il fait de ce droit un emploi conforme à l'intérêt général. L'impôt deviendra progressif parce que les individus tirent de l'outillage social un profit qui croît progressivement avec l'augmentation de leur fortune, et que les lourds prélèvements sur les gros capitaux et revenus seront le moyen d'obliger les privilégiés à acquitter leur dette sociale. L'enseignement sera gratuit à tous les degrés, parce que le trésor intellectuel et moral de l'humanité doit être commun à tous, accessible à tous. Enfin, un réseau de lois d'assurance sociale et de protection ouvrière permettra aux déshérités de se garantir contre les risques et d'obtenir des conditions de travail et de rémunération suffisantes. L'équivalence sera ainsi approximativement rétablie entre ce qu'ils donnent à la société et ce qu'ils reçoivent d'elle.

Pour achever de caractériser la physionomie de la doctrine solidariste, il reste à marquer la place qu'elle occupe entre l'individualisme et le socialisme.

Le solidarisme répudie la formule de la Politique libérale « laisser faire, laisser passer ». Parce qu'il reconnaît que la solidarité-fait n'est point toujours équitable, le solidarisme n'admet pas que les pouvoirs publics assistent impassibles au déroulement des faits économiques et sociaux. Il leur fait un devoir d'agir en dehors et au-dessus des lois de la nature, en les utilisant, certes, mais pour aboutir à des résultats très différents de ceux que donnerait le cours naturel des choses. Et les articles du programme solidariste s'opposent trait pour trait à ceux de la politique libérale, qui est favorable à la propriété individuelle sans réserve et à l'impôt proportionnel, adversaire des lois ouvrières et des assurances sociales obligatoires.

Il est plus difficile de marquer les frontières qui séparent le solidarisme du socialisme. L. Bourgeois nous dit bien que le solidarisme sauvegarde et libère la propriété individuelle, en proclamant qu'une fois qu'il a acquitté sa dette, le propriétaire est déchargé de l'hypothèque qui pesait sur ses biens. Le raisonnement serait pertinent s'il était possible de calculer le montant numérique de la dette de chaque individu : une fois ce montant versé par lui, il rentrerait sans conteste en possession de sa libre activité et de sa libre propriété. Mais L. Bourgeois reconnaît qu'un tel compte numérique ne peut être dressé. Le propriétaire, quelque importants que soient les prélèvements que l'État lui aura fait subir, ne pourra donc jamais être certain d'avoir acquitté toute sa dette et recouvré le plein exercice de sa propriété. Au reste, si L. Bourgeois est personnellement partisan de la propriété individuelle, un autre adepte de marque de la doctrine, Célestin Bouglé, dans le livre qu'il lui a consacré, a fort bien montré qu'on peut, de l'idée solidariste, tirer la justification de l'appropriation sociale d'un certain nombre de branches de la production [119].

Mais il y a plus, et la distance entre le solidarisme et le socialisme diminue encore, si l'on pénètre mieux le sens de la notion de quasi-contrat social et si l'on met au jour l'artifice qu'elle renferme.

Pourquoi L. Bourgeois attache-t-il tant de prix à donner comme clé de voûte à son système le quasi-contrat ? C'est sans aucun doute parce que le quasicontrat semble à première vue très proche du contrat, et qu'il paraît sauvegarder la liberté des individus en limitant les droits que l'État a sur eux. L. Bourgeois a écrit dans sa *Solidarité* que « le progrès de l'humanité se mesure à l'extension qu'a prise le contrat dans les choses humaines ». Il ajoute que le quasi-contrat « n'est autre chose que le contrat rétroactivement consenti », et que la loi fixant les obligations de chacun « ne devra être qu'une interprétation et une représentation de l'accord qui eût dû s'établir préala-

---

[119] *Le Solidarisme*, Giard, 1907, nouvelle édition 1924.

blement entre eux [les membres de la société], s'ils avaient pu être également et librement consultés ». Concilier la liberté et la justice par le moyen de mesures fiscales et sociales qui seraient censées être les clauses d'un accord présumé entre les membres de la société, tel est l'objectif de l'idée de quasi-contrat. Et L. Bourgeois de dire aux individualistes qu'eux-mêmes devraient accepter son programme, puisqu'ils reconnaissent que l'individu est lié par les engagements qu'il contracte, et qu'il y a dans le quasi-contrat social quelque chose de très voisin d'un véritable contrat.

Mais toute cette argumentation repose sur une équivoque, dont la responsabilité incombe d'ailleurs, moins à L. Bourgeois qu'aux juristes qui ont construit naguère la théorie du quasi-contrat, équivoque que des juristes plus récents ont parfaitement dissipée. Alors que jadis Demolombe déclarait : « Le quasi-contrat ! mais c'est quasi un contrat », M. Planiol, dans un article de la *Revue Critique* (1904), et H. Vizioz, dans sa thèse sur *La notion de quasi-contrat* [120], ont lumineusement montré que l'expression de quasi-contrat est erronée et dangereuse, justement parce qu'elle provoque une assimilation avec le contrat, alors

---

[120] Thèse Bordeaux, 1912.

qu'en réalité les situations juridiques qui se rangent dans la catégorie des quasi-contrats diffèrent essentiellement de celles qui naissent des contrats. La vérité pour ces auteurs est qu'il n'y a que deux sources d'obligations : le contrat et la loi ; le quasi-contrat n'est que le nom fallacieux d'une catégorie d'obligations qui ont dans la loi leur véritable fondement [121].

Cette analyse juridique nous montre que la doctrine solidariste, en apparence respectueuse de la liberté et proche du contractualisme, est en réalité soucieuse avant tout de justice et voisine du socialisme. On l'a très exactement caractérisée en disant qu'il y a en elle « moins du quasi-contrat que du quasi-socialisme ».

II. Le réformisme
de M. Bourguin et A. Aftalion

---

[121] Plus récemment, il est vrai, R. Demogue, dans son *Traité des Obligations en général* (tome 1, p. 42 et ss.), a tenté, de réhabiliter le quasi-contrat, mais en plaçant celle notion sur un terrain nouveau, très éloigné de celui dit contrat. Cf. J. Bonnecase, Supplément au *Traité de droit civil* de Baudry-Lacantinerie, II, p. 346.

tdm

La doctrine solidariste donna lieu pendant quelques années à de vives discussions [122] ; puis l'apaisement et le silence se firent, et l'on tomba d'accord pour admettre que les parties les plus neuves du solidarisme, telles que l'idée de quasi-contrat social et de dette juridiquement exigible, n'avaient pas résisté aux critiques des philosophes, des économistes et des juristes. Par contre, le programme pratique que le solidarisme développait a reçu, au cours du dernier quart de siècle, de très nombreuses applications. Par des lois de 1914 et de 1917, notre système d'impôts directs a été refondu sur la base de la personnalité et de la progressivité fiscales. Des lois de 1915-1917-1919 ont institué le salaire minimum pour les ouvrières à domicile, la semaine anglaise et la journée de huit heures. Une loi de 1898 pour les accidents du travail, une autre de 1910 pour la vieillesse et l'invalidité sont venues garantir le travailleur

---

[122] Dans les colonnes de la Revue de Métaphysique et de Morale, 1897, et à l'Académie des Sciences morales et politiques, en 1903. Cf. aussi : BRUNETIÈRE, *Discours de Combat*, Nouvelle série, Perrin, et G. Goyau, *Solidarisme et christianisme*, Publication de l'Action Populaire.

contre quelques-uns des risques qui le menacent. La législation du temps de guerre sur la mise en culture des terres en friche et celle d'après-guerre sur les loyers ont multiplié les limitations du droit de propriété fondées sur l'intérêt social. Les lois en cours d'élaboration sur les assurances sociales obligatoires ou la propriété commerciale, les projets de réforme de l'enseignement dans le sens de l'école unique se rattachent au môme courant. N'en peut-on pas déduire que si la partie doctrinale du solidarisme était peut-être fragile, ses conclusions correspondaient du moins aux besoins de notre époque, et ne serait-il pas possible de les maintenir comme couronnement d'une doctrine à laquelle on donnerait une infra-structure moins contestable que celle du solidarisme ?

En 1904, M. Bourguin, dans son grand ouvrage *Les systèmes socialistes et l'évolution économique* [123], se faisait le défenseur d'une attitude sociale qui aboutissait à des conclusions voisines de celles du solidarisme. Dégageant avec une clarté et une pénétration admirables les grandes lignes de l'évolution économique et sociale contemporaine, M. Bourguin montrait que cette évolution nous éloigne chaque jour davantage de l'individualisme et entraîne un

------

[123] Colin, 1904; nouveau tirage, 1922.

développement croissant des formes collectives et publiques d'action économique, mais que, d'autre part, le déroulement de l'histoire ne semble pas nous mener à la catastrophe que prédisent les marxistes orthodoxes. M. Bourguin pensait que, dans la société de demain, le régime de la production et de la répartition des richesses devrait s'adapter aux exigences et aux capacités accrues des masses ouvrières, mais que cette adaptation se ferait plutôt par la démocratisation de la vie économique que par sa socialisation. A son avis, rien ne permettait de croire que l'avenir verrait la suppression de l'entreprise privée et du salariat, l'appropriation collective des instruments de production. Et M. Bourguin ne donnait pas seulement cette démocratisation comme une loi inéluctable de l'histoire. Manifestement, il l'accueillait avec sympathie. Quelques années plus tard, il précisait les arêtes de sa doctrine. La politique sociale, expliquait-il, au cours d'une controverse avec G. Renard [124], doit se proposer comme but le libre développement de la personnalité, et comme moyens, l'éducation économique de la démocratie, l'association libre, la protection légale. C'est la seule attitude qui soit scientifique et raisonnable.

124

« Rester en deçà, c'est fermer les yeux devant la nécessité d'une ascension des masses populaires dans une société civilisée et démocratique. Aller au delà, c'est verser dans la chimère [125]. »

Le livre récent de A. Aftalion : *Les fondements du socialisme* [126], représente un nouvel effort pour donner au réformisme une structure doctrinale. Aftalion se sépare de l'individualisme parce qu'il reconnaît que la société actuelle, comporte des injustices qu'il est nécessaire de corriger. Il y a des gens qui profitent de, ce qu'ils sont les plus forts pour prendre dans le contrat de travail ou le contrat d'échange plus que la part à laquelle ils auraient droit. « Salaires trop bas, prix trop élevés, intérêts usuraires, accaparements, oppressions, violences, lésions, monopoles naturels ou artificiels, voilà des faits qui abondent dans la vie économique de tous les temps. Il conviendra de ne pas l'oublier. » Même quand le capitaliste ne prélève dans l'échange que la part de valeur imputable au capital qu'il fournit, il n'est fondé à garder pour lui cette part que si sa propriété du capital est elle-même légitime. Or une grande

---

125 Assez pr Revue Politique et Parlementaire, février et avril 1908.oche des idées de Bourguin, mais avec une teinte très marquée de bergsonisme et de syndicalisme, était le programme du groupe de la « Démocratie sociale », créé en 1905 ; cf. E. Antonelli : *La Démocratie sociale devant les idées présentes*, Rivière, 1911.

126 Rivière, 1922.

partie des capitaux sont appropriés par des individus dont les titres sont extrêmement contestables. Souvent l'exploitation, la spéculation, le vol sont à l'origine des fortunes capitalistes. Par l'institution de l'héritage, le capital passe entre les mains d'individus qui n'ont rendu à la société aucun service. L'appropriation privée et héréditaire des capitaux, et le droit à percevoir le revenu qu'ils engendrent, entraînent donc beaucoup d'injustices.

Mais l'appropriation collective serait plus injuste encore, et c'est à démontrer cette injustice que le livre d'Aftalion est principalement consacré [127]. La substitution de la propriété collective à la propriété individuelle entraînerait une déperdition énorme de productivité, parce que le personnel dirigeant ne serait plus intéressé à la bonne gestion, et que la masse ouvrière exercerait une pression sur les pouvoirs publics pour obtenir une diminution de la durée du travail et une rémunération proportionnelle au temps et aux besoins, lion aux quantités produites. Et il est à craindre que les individus ne dilapident le patrimoine collectif, n'étant plus incités à le conserver et à l'accroître, comme ils le sont sous le règne du capitalisme privé. « Agent de transmission,

---

[127] Cf. les analyses critiques qui ont été faites de l'ouvrage d'Aftalion par Max Lazard, Documents du Travail, décembre 1922 ; B. Lavergne, Revue de métaphysique et de morale, 1923, no 4 ; Antonelli, Revue d'Économie politique, 1923, no 5 ; Gaëtan Pirou, Grande Revue, octobre 1923.

la génération qui dilapidera trahira son mandat. » Nous retrouvons dans cette formule d'Aftalion l'écho de la doctrine de la dette sociale, débarrassée de l'appareil juridique qui la rendait discutable.

Puisque l'individualisme et le socialisme sont l'un et l'autre en défaut, où trouverons-nous les bases d'une politique économique et sociale équitable ? Aftalion estime qu'il convient de maintenir le régime de l'appropriation privée, mais d'en corriger les abus par un hardi programme de réformes.

La société, qui a -an droit de créance sur une part des revenus capitalistes, renoncera à exercer cette créance par le moyen radical de la suppression de la propriété privée, puisque cette suppression diminuerait le bien-être présent et futur de ses membres. La propriété privée apparaît ainsi comme une « concession faite par la collectivité clans l'intérêt général », nullement comme un droit individuel absolu. L'État a un droit social supérieur, éminent, sur la fortune et le revenu des particuliers, qui légitime son intervention. Aftalion dès lors approuve et recommande toutes mesures qui auront pour but :

1° de restreindre les consommations superflues des riches, qui manquent à, leur devoir de formateurs d'épargne ;

2° de protéger les classes populaires contre les risques qui, en les atteignant, mettent en péril le capital vivant du pays, les forces productives humaines.

De ces deux idées découle la justification des impôts sur le luxe, des assurances sociales, des lois de protection ouvrière et d'hygiène publique. Nous aboutissons donc, par des voies différentes, à un programme à peu près identique à celui du solidarisme. Mais le fondement de ce programme est une analyse économique au lieu d'être, comme chez L. Bourgeois, une construction juridique.

Chapitre II

Le catholicisme social

I. Des cercles d'ouvriers
aux semaines sociales [128]

L'école catholique sociale moderne eut des précurseurs dès la première moitié du XIXe siècle, avec les catholiques démocrates de l'école de l'Avenir tels que Lamennais, et les catholiques socialisants dont le plus notoire fut Buchez. Sous le Second Empire, Le Play peut être considéré aussi à certains égards comme un des pionniers du catholicisme social. Mais c'est au lendemain de 1870 que se placent les origines directes du mouvement.

1. Les Cercles catholiques d'ouvriers (1871-1876). - En 1870-71, deux officiers français, le Marquis de la Tour du Pin et le Comte Albert de Mun, prisonniers de guerre à Aix-la-

---

[128] M. Eblé, *Les Écoles catholiques d'économie politique et sociale en France.* Thèse Paris, 1905 ; J. Piou, *Le Comte A. de Mun*, Ed. Spes, 1924.

Chapelle, employèrent les loisirs de leur captivité à étudier les problèmes sociaux et arrivèrent à cette conclusion que la Révolution de 1789 était la grande cause des maux dont souffrent nos sociétés modernes, en sorte que, pour redonner à celles-ci la stabilité qu'elles ont perdue, il serait nécessaire de détruire les institutions révolutionnaires. À leur retour en France, La Tour du Pin et de Mun furent mis en rapport avec un frère de St-Vincent de Paul, M. Magnen, qui s'était attelé, depuis une vingtaine d'années déjà, à la création de cercles de jeunes ouvriers destinés à remplacer les anciennes corporations, à suivre et à guider l'ouvrier dans sa vie professionnelle et extra-professionnelle. La Tour du Pin et de Mun furent frappés de la convergence entre leurs analyses doctrinales et l'action pratique de Magnen ; ils décidèrent de soutenir son effort et de créer dans tous les quartiers de Paris des « Cercles catholiques d'ouvriers ». De Paris, le mouvement s'étendit à la province. En 1875, il existait plus de 500 cercles, patronages et associations de toute espèce. On donna à ces cercles un caractère exclusivement confessionnel : seuls les ouvriers catholiques pouvaient en faire partie, alors qu'en Allemagne les institutions du même genre étaient ouvertes à tous les « ouvriers honnêtes ». À l'origine, l'œuvre des cercles se proposait à peu près uniquement un but de patronage et visait à rapprocher fils de riches et fils de pauvres pour réaliser la fusion des classes. Puis les cercles entreprirent de donner un enseignement social. Un « Conseil des Études » fut créé, avec mission de rechercher, en s'inspirant des principes catholiques, la solution des questions ouvrières et sociales. Le conseil émit des avis qui furent réunis en volume. Ce fut la première ébauche de la doctrine sociale catholique, ébauche encore bien vague. Il fallut pour la compléter que l'école catholique sociale se délimitât sur sa droite d'abord, sur sa gauche ensuite, et le tracé de ces frontières n'alla pas sans difficultés.

2. Catholiques sociaux et libéraux (1876-1891). - En janvier 1876 était fondée la revue *L'Association catholique,* destinée à propager et à défendre les idées sociales de l'Oeuvre des Cercles. Y collaborèrent à la fois des adeptes de l'école économique libérale, des disciples de Le Play, des amis du Comte de Mun. Mais bientôt des divergences se firent jour. Tous d'accord pour combattre les principes de la Révolution, les collaborateurs de *l'Association catholique* ne l'étaient plus quand il fallait dresser un programme positif d'action. Les uns, comme Charles Perin [129], étaient orientés vers les solutions individualistes, et hostiles au rétablissement des corporations ; les autres, à la suite du Comte de Mun, répudiaient le libéralisme économique et rêvaient d'une renaissance corporative. Un premier conflit éclata en 1878, à la suite d'un discours prononcé à Chartres par le Comte de Mun, auquel Ch. Perin répondit quelques jours plus tard. Une polémique plus grave se déroula en 1890. L'Union internationale des catholiques sociaux tenait son congrès à Liège. On y discuta de l'intervention de l'État et de l'organisation corporative. La grande majorité des congressistes s'y montra favorable. Mais une minorité libérale refusa de s'incliner. Cette minorité, dirigée par un juriste de Lille, le professeur Théry, porta le différend quelques semaines plus tard à Angers, au Congrès des jurisconsultes catholiques, et prétendit que La Tour du Pin [130] et de Mun avaient abandonné la tradition française symbolisée par Le Play, pour adopter les idées allemandes représentées par l'archevêque de Mayence, Von Ketteler. Les jurisconsultes catholiques donnèrent raison aux libéraux, si bien qu'il y eut à partir de ce moment deux écoles en présence : l'école de Liège, à tendance

---

[129] Cf. Ch. Perin, *Le socialisme chrétien.* Lecoffre, 1879 ; *Les doctrines économiques depuis un siècle.* Lecoffre, 1880.

[130] *Cf. La Tour* du *Pin, Vers un ordre social chrétien,* Nouvelle Librairie nationale, 1907 (nouvelle édition, 1921).

interventionniste et corporative, et l'école d'Angers,
favorable au patronage facultatif et au libéralisme
économique. Mais l'école d'Angers végéta et passa
rapidement à l'arrière-plan, parce que l'année suivante, le
pape Léon XIII, par l'encyclique *Rerum Novarum,* vint
donner raison à l'école de Liège, en affirmant que l'abolition
des corporations avait été une des principales causes de la
misère ouvrière, et en reconnaissant la légitimité de
l'intervention de l'État.

3. Catholiques sociaux et démocrates (1891-1910) [131]. -
Dans la dernière décade du XIXe siècle, quelques abbés
actifs et éloquents entreprirent de rapprocher l'Église et le
Peuple. Deux d'entre eux surtout se livrèrent à une
propagande intense, les abbés Garnier et Naudet, lis firent
des conférences sur la question sociale dans les églises,
jusqu'au jour oit les groupes socialistes et anarchistes s'y
rendirent et y déchaînèrent des bagarres. La campagne
continua alors sous forme de réunions publiques et
contradictoires, où s'affrontèrent abbés et collectivistes,
l'abbé Naudet et P. Lafargue, l'abbé Gayraud et J. Guesde.

---

[131] Eblé, Ouvrage cité, Max Turmann, *Le développement du catholicisme social depuis l'encyclique Rerum Novarum,* Alcan, 2e édition, 1909.

Les catholiques démocrates ne parlaient point de patronage et ne faisaient pas appel aux classes dirigeantes; ils demandaient des réformes sociales hardies et comptaient pour les réaliser sur l'initiative des ouvriers et l'intervention de l'État. La revue *La Démocratie chrétienne,* fondée à Lille en 1894, s'inspirait de leurs idées.

Les catholiques démocrates se heurtèrent tout naturellement à l'opposition des catholiques libéraux. L'organe des disciples orthodoxes de Le Play, *La Réforme Sociale,* les attaqua d'une manière continue, leur reprochant de prêcher aux ouvriers la lutte des classes et de soutenir des idées voisines du collectivisme. Les patrons du Nord, - à l'exception d'un seul, L. Harmel, - se rangèrent du côté des catholiques libéraux. Les conceptions sociales des abbés démocrates suscitèrent aussi les inquiétudes des catholiques sociaux qui les jugèrent animés d'un esprit égalitaire excessif. Dès 1897, le Comte de Mun marquait ses réserves en déclarant : « Il n'y a pas de société viable en dehors de certains principes... De ce nombre est le rôle social des classes élevées. » Tant que Léon XIII fut pape, les catholiques démocrates purent cependant continuer à développer librement leurs vues. Et même, l'encyclique *Graves de communi* (18 janvier 1901) les incita à persévérer, puisqu'elle donna son approbation à la « Démocratie chrétienne », tout en spécifiant qu'il ne fallait attacher à cette expression d'autre sens que celui d'une « bienfaisants action chrétienne parmi les peuples ». Les choses changèrent avec Pie X. Très traditionaliste, Pie X ne pouvait accueillir avec sympathie les idées sociales des démocrates chrétiens. Et Surtout il fut choqué des allures indépendantes affectées par quelques-uns d'entre eux et de leurs sympathies pour le modernisme. Aussi, après la condamnation du modernisme, un décret du St-Office (13 février 1908) vint-il condamner les principaux journaux des abbés démocrates, *la Justice sociale* et *la Vie catholique*. Les abbés Dabry et Naudet s'inclinèrent. Quelques mois plus tard disparaissaient également la *Démocratie chrétienne* de Lille et la revue lyonnaise *Demain*.

Le mouvement du Sillon fut une autre tentative pour associer au catholicisme un programme social démocratique [132]. On peut résumer en quelques lignes la doctrine du Sillon. Elle a comme armature centrale l'idée démocratique. Le Sillon définit la démocratie en ces termes : « l'organisation sociale qui tend à porter au maximum la conscience et la responsabilité civique de chacun. »

---

[132] L. Cousin, *Vie et doctrine du Sillon*, Vitte. Lyon, s. d. ; G. Guy-Grand. *Le Sillon*, Pages Libres, 24 avril, 1er et 8 mai 1909. Pour la critique, Cf. Ch. Maurras, *Le dilemme de Marc Sangnier*, Nouvelle librairie nationale, 1907 ; Nel Aries, *Le Sillon et le mouvement démocratique*, N.L.N., 1910.

Aboutissant logique de l'évolution historique, la démocratie doit pénétrer l'ordre économique et le transformer. Les ouvriers, aujourd'hui subordonnés puisqu'attachés à une entreprise dont les destinées se déroulent en dehors d'eux, doivent être associés à la gestion de l'usine comme ils le sont par le suffrage universel à celle du pays. Adversaire du salariat, le Sillon souhaite en conséquence le développement de la coopération sous toutes ses formes. Mais pour que la démocratie économique se lasse, les sillonistes pensent qu'il faut que les individus atteignent un haut degré de culture morale, qu'ils aient le sens de l'intérêt général, que l'amour l'emporte en eux sur l'égoïsme. A cette fin, une œuvre d'éducation morale et civique doit être entreprise pour laquelle l'État utilisera toutes les forces capables de la mener à bien, et parmi elles le catholicisme. Le Sillon conclut en demandant aux milieux démocratiques et avancés de renoncer à leur anticléricalisme, et aux milieux catholiques de se désolidariser des régimes politiques déchus et des puissances d'argent. Et ses attaques se tout particulièrement âpres contre « les ennemis intérieurs du catholicisme », ceux qui ne voient en lui qu'une force de conservation sociale et un instrument de défense pour leurs privilèges menacés.

L'éloquence chaude et habile de Marc Sangnier conquit au Sillon des adeptes nombreux et enthousiastes, recrutés principalement dans les milieux catholiques et populaires. Mais le mouvement se heurta à l'opposition sourde ou déclarée des catholiques ou traditionalistes conservateurs qui, sous le pontificat de Pie X, avaient au Vatican une influence prépondérante. Le pape donna d'abord aux sillonistes des conseils de prudence et prononça à leur propos cette phrase significative : « *Viam sequuntur damnosam* ». Marc Sangnier et ses amis essayèrent d'atténuer la portée de cet avertissement en en donnant une traduction subtile, et en prétendant que le pape avait voulu dire, non pas qu'ils suivaient une voie dangereuse, niais que leur route était semée de périls qu'il leur serait possible d'éviter. Finalement, le pape dut en venir à des mesures plus radicales et, par une lettre du 25 août 1910, condamna le Sillon.

Les considérants de cette condamnation rigoureuse méritent d'être relevés. Pie X souligne vigoureusement la contradiction ,entre la philosophie démocratique du Sillon et le catholicisme. Les sillonistes admettent la souveraineté du peuple de qui l'autorité remonte à ses élus, tandis que dans l'organisation de l'Église le pouvoir descend de haut en bas. Les sillonistes veulent remplacer l'obéissance par l'autorité consentie, alors que l'Église aime et prône l'obéissance : « Est-ce que l'état religieux fondé sur l'obéissance serait contraire à l'idéal de la nature humaine ? Est-ce que les saints qui ont été les plus obéissants des hommes étaient des esclaves ou des dégénérés ? » Les sillonistes prêchent la fraternité et l'étendent à tous les hommes, même à ceux qui ne partagent pas leurs croyances religieuses, alors que la doctrine catholique enseigne que le premier devoir de la charité n'est pas dans la tolérance des convictions erronées, mais dans le zèle déployé pour les transformer. Les sillonistes se font de la dignité, humaine une conception telle, qu'ils considèrent que l'indépendance est le summum de cette dignité, alors que la doctrine de l'Église magnifie les humbles de la terre, qui remplissent leurs devoirs « au rang modeste que la Providence leur a assigné, dans l'humilité, l'obéissance et la patience chrétienne », et, leur promet que le Seigneur les tirera un jour de leur condition obscure , pour les placer au ciel parmi les princes de son peuple ». Enfin, Pie X montre que les sillonistes se font de l'Évangile et de Jésus-Christ une image incomplète et fausse, en n'en voyant que les aspects de mansuétude et d'amour. Jésus-Christ a été aussi fort que doux ; il a « grondé, menacé, châtié », et s'il a voulu que tous les hommes vivent dans la paix et le bonheur, il y a mis comme condition que l'on fasse partie de son troupeau et que l'on accepte sa doctrine.

Marc Sangnier se soumit au jugement de Pie X. Le Sillon disparut. Sangnier et quelques-uns de ses amis fondèrent par la suite la Ligue de la Jeune République. Entré au Parlement, en 1919, sur une liste du Bloc National, Marc Sangnier y a pris à diverses reprises la parole, mieux écouté, semble-t-il, par les partis de gauche que par ceux de droite. Il n'a pas été réélu en 1924, et tout le mouvement du catholicisme social se déroule aujourd'hui sur un plan sensiblement différent de celui où jadis s'était placé le Sillon.

C'est ailleurs, dans le mouvement des « Semaines sociales » qu'il faut aller chercher l'expression authentique du catholicisme social. Les « Semaines sociales » sont des réunions annuelles qui se tiennent successivement dans les diverses grandes villes de France. La première date de 1901. Elles ont été suspendues pendant les années de guerre et reprises en 1919. Aux Semaines participent des intellectuels, des hommes d'œuvres, quelques industriels et quelques théologiens. Des exercices religieux s'entremêlent aux séances de travail. Il n'a pas toujours été facile aux dirigeants et aux inspirateurs des Semaines sociales, au premier rang desquels il faut citer Henri Lorin et H. Duthoit, d'élaborer une politique sociale qui n'éveillât ni la défiance des gardiens du dogme ni les craintes du monde patronal. Et ce n'est pas trahir un secret que de signaler que les Semaines sociales ont été parfois, elles aussi, à la veille d'une condamnation. En fait cependant, elles y ont échappé jusqu'ici, et elles semblent maintenant moins menacées que naguère [133].

---

[133] Cf. J. Terrel, *Les Semaines sociales*. Bloud, 1922, et les comptes-rendus des cours et conférences des Semaines (Gabalda, éditeur).

II. La doctrine catholique sociale

1. L'encyclique _Rerum Novarum_ (15 mai 1891). - La célèbre encyclique de Léon XIII est la charte du mouvement catholique social. Dans ce document, le pape pose en termes très nets la question sociale et critique la solution que les socialistes y apportent. En supprimant la propriété privée, le socialisme porterait atteinte à un droit naturel, antérieur au droit de l'État, et désorganiserait la famille. Il engendrerait des discordes et des perturbations sans fin qui aboutiraient à « l'égalité dans le dénuement, l'indigence et la misère ». Au socialisme, Léon XIII oppose le christianisme, qui reconnaît comme un fait inéluctable l'inégalité des hommes et la loi du travail, et enseigne aux individus qu'ils ont des devoirs à remplir : devoir pour l'ouvrier de fournir un travail consciencieux, devoir pour le patron de respecter la dignité de l'ouvrier. Si la justice n'est pas assurée par le libre jeu des relations naturelles entre les hommes, l'encyclique admet que l'État intervienne et qu'il se fasse « la Providence des travailleurs ». Mais c'est surtout d'un retour aux croyances religieuses, et aux pratiques morales que Léon XIII escompte l'amélioration des rapports sociaux : « C'est d'une abondante effusion de charité qu'il faut principalement attendre le salut ».

L'encyclique n'avait fait que formuler des principes. Les professeurs des Semaines sociales se sont attachés à tirer de ces principes les applications pratiques qui y étaient implicitement contenues.

2. Le juste contrat [134]. - Les catholiques sociaux rendent responsable de l'anarchie et du désordre des relations économiques modernes le règne du libre contrat. Au moyen âge, l'Église avait réussi à obtenir des pouvoirs publics une série de restrictions au libre contrat, quand il

---

[134] Duthoit, *Liberté du contrat et tradition chrétienne*, Gabalda, 1914 ; *Vie économique et catholicisme*, Gabalda, 1924. Cf. Antoine, *Cours d'Économie sociale*, Alcan, dernière édition, 1921 ; E. Chenon, *Le rôle social de l'Église*, Bloud, 1922 ; L. Guarriguet, *Traité de sociologie*, Blond, 1924 ; M. Eblé, *La question sociale aujourd'hui*, Éditions Spes, 1924.

offensait la justice. Le capitalisme s'est libéré de ces restrictions et il a été aidé dans son émancipation par le protestantisme (M. Duthoit rappelle à cet égard l'opinion de Calvin, favorable à la liberté de l'intérêt). Si l'on veut revenir au juste contrat, de quelle manière déterminera-t-on ce qu'il y a de légitime dans les prétentions adverses des partis en présence ? Le catholicisme social esquisse les grandes lignes de cette délimitation en partant (le ce principe, que lorsqu'il y a conflit entre des intérêts opposés, on doit donner raison à celui qui représente la sauvegarde de la vie d'un individu. S'agit-il du contrat de travail ? L'ouvrier a droit au juste salaire qui lui donnera à la fois l'équivalent de son apport en travail et les moyens d'assurer son entretien et celui de sa famille. S'agit-il du contrat de louage ? Le propriétaire a droit à une part de la rente foncière et à la rémunération du travail de défrichement et d'amélioration culturale qu'il a accompli sur la terre avant la location ; mais le fermier a droit; de son côté à retirer de la terre le minimum vital pour lui et les siens; et au cas où le rendement économique de la terre ne serait pas suffisant pour satisfaire l'un et l'autre, le fermier doit passer le premier. S'agit-il du contrat de crédit ? Le prêteur est fondé. à réclamer un intérêt, puisque c'est à l'aide de son capital que l'entrepreneur réalise le profit ; mais le service de l'intérêt ne doit venir qu'après payement aux ouvriers du juste salaire. S'agit-il enfin du contrat d'échange ? Le vendeur d'une marchandise a droit ait remboursement de ses frais de production, au payement de son travail, à la couverture de ses risques. S'il demande davantage, il exploite le consommateur et commet un délit qui doit être réprimé [135].

3. Individus, Groupements, État. - Les préférences initiales des catholiques sociaux allaient à une renaissance des anciennes corporations. Mais ou s'est vite rendu compte qu'il y avait là une pure chimère. Le comte de Mun et l'Oeuvre des Cercles se sont orientés alors du côté du syndicat mixte, dont en 1896 un catholique social notoire, A. Boissard, présentait la théorie [136]. Là encore, l'expérience montra qu'il n'y avait qu'une solution factice. Dans l'*Association Catholique*, M. Nogues, rendant compte du livre de Boissard, avoua que le syndicat mixte était une forme étroite et condamnée par les faits. Plus récemment, le père Desbuquois reconnaissait qu'on ne pouvait nier l'existence de classes distinctes dans le monde économique moderne, qu'il fallait donc se résigner à l'organisation de syndicats

---

[135] Cf. DU PASSAGE, *Juste prix, juste salaire*, Publications de l'Action populaire, série sociale et économique, no 71.

[136] Le Syndicat mixte, Thèse Aix, 1896. Cf. E. Duthoit, *Vers l'organisation professionnelle, Éditions* de l'Action populaire de Reims, *1910*.

patronaux et ouvriers parallèles, et c'est seulement au-dessus de ces syndicats séparés qu'il envisageait la création de commissions mixtes de coordination.

Les syndicats patronaux et ouvriers seront-ils des organismes facultatifs ou obligatoires ? Certains catholiques sociaux, comme le marquis de la Tour du Pin, n'hésitent pas à préconiser le syndicat obligatoire, et R. Jay, catholique démocrate très hardi, se prononçait dans le même sens. Mais la majorité des « semainiers » semblent aujourd'hui préférer la solution qui s'exprime dans cette formule : « les syndicats libres dans la profession organisée ». Les syndicats demeureraient facultatifs et multiples [137]. En dehors et au-dessus d'eux, le législateur établirait un état-civil des professions que Gounot, à, la Semaine de Strasbourg (1922), appelait un « bornage social », correspondant sur le plan économique à la délimitation territoriale des départements et des communes. Dans chaque profession, patrons et ouvriers éliraient, au suffrage universel, leurs représentants ; ceux-ci constitueraient un corps mixte auquel l'État déléguerait certaines attributions réglementaires, par

---

[137] Les syndicats catholiques ont pris en France, depuis la guerre, un développement important. Leur action est coordonnée par la Confédération française des Travailleurs Chrétiens (C.F.T.C.), qui a été créée en 1919 et compte actuellement plus de 100 000 membres. Les syndicats catholiques et la C.F.T.C. s'inspirent, d'une manière générale, dans leur action quotidienne, des principes doctrinaux développés par les Semaines sociales. Cf. De Marcieu. *Les syndicats catholiques du commerce et de l'industrie*, Thèse Droit, Paris, 1921.

exemple le soin de fixer par profession les détails d'application des lois d'assurances sociales [138].

Quant à l'État, les catholiques sociaux constatent que ses attributions vont en se développant. Ils n'ont pas pour l'étatisme économique la répugnance invincible des économistes libéraux. Mais ils veulent que l'État s'adapte à ses fonctions nouvelles. À l'heure actuelle, disent-ils, il existe une sorte d'antithèse entre l'administration publique et la mentalité économique. « L'administration est uniforme et symétrique. La vie économique est variée et se déroule en cent actes divers », disait H. Duthoit dans le discours d'ouverture de la Semaine de Strasbourg (1922). Les travaux de cette Semaine furent précisément consacrés à rechercher quelles modalités devait prendre l'action de l'État dans l'ordre économique [139]. Les Semainiers ont très heureusement marqué que cette action doit se conjuguer avec celle des individus et des groupes, non s'y substituer; que son rôle doit être de coordination plutôt que d'exécution, ce qu'ils traduisent d'une manière expressive

---

[138] L'évolution des catholiques sociaux sur la question de l'organisation professionnelle est très sensible dans les éditions successives du savant ouvrage de Martin Saint-Léon, *Histoire des Corporations de Métiers*, Alcan, dernière édition, 1922.

[139] Il est intéressant de comparer les travaux de la Semaine de Strasbourg à ceux du 39e congrès des jurisconsultes catholiques qui se tint en 1922, à *Lille*, et ou l'on discuta également du rôle économique de l'État. Continuateurs de l'école d'Angers, les jurisconsultes catholiques se sont montrés beaucoup plus hostiles que les *semainiers à* l'étatisme sous toutes ses formes. Cf. le compte-rendu du Congrès dans la *Revue Catholique des* Institutions et du Droit, septembre 1922 à juin 1923.

en disant que l'État doit se faire architecte et non maçon. « Il prévoit, prépare, dessine, harmonise, surveille, sauvegarde les grands intérêts généraux et permanents. Il laisse l'exécution à ceux que qualifie leur compétence et qu'aiguillonne le stimulant utile de l'intérêt privé. »

4. Doctrine sociale et dogme catholique. - Jusqu'ici, le programme économique des catholiques sociaux peut paraître n'avoir rien de très original ; il se rapproche beaucoup, en effet, des vues du socialisme modéré ou du solidarisme ; il y a pourtant une différence essentielle qui est que les catholiques sociaux prétendent établir un lien étroit entre leurs thèses sociales et leur foi religieuse. Chaque année, des théologiens sont préposés à opérer ce rattachement. Tantôt, comme le P. de Guibergue à Saint-Étienne (1911), ils expliquent qu'il y a au fond de chaque homme un égoïsme effroyable « qui ne s'inclinera pas si on ne fait appel qu'à des pensées d'ici-bas et des intérêts de ce monde », que par suite l'harmonie sociale ne se fera que si les hommes sont pénétrés d'esprit surnaturel ; tantôt, comme le P. Coulet, à Strasbourg (1922), ils découvrent à l'origine des catastrophes économiques des temps modernes l'oubli des prescriptions de la morale, et en concluent qu'une bonne organisation économique suppose le respect de la morale et de la religion.

Et il ne s'agit pas d'une morale et d'une religion quelconques. Le catholicisme seul est en mesure de servir de soutien à l'ordre social, parce que le catholicisme est la plus sociale des religions. « Où trouver de par le monde, demande le P. de Guibergues, dans aucune philosophie, dans aucun système, dans aucune religion, une doctrine qui lui soit comparable pour susciter l'action sociale ? » Déjà naguère, H. Lorin à la Semaine d'Orléans (1905) affirmait que seul le catholicisme confère son plein sens à l'idée de fraternité humaine, « parce que seul il lui donne une valeur impérative et obligatoire, la sanctionne, la fonde sur l'idée de paternité divine et de rachat par le Christ ». Et H. Lorin en tirait argument pour prétendre que le catholicisme social réussissait là où le solidarisme avait échoué:

« Entre la solidarité, fait qui se constate, et la solidarité érigée en devoir, la passerelle nécessaire, la mystérieuse passerelle qu'on voudrait dissimuler au moment où l'on s'en sert, c'est la conception de la fraternité, des hommes tous créés à l'image et à la ressemblance de Dieu, tous rachetés par le Christ. »

Chapitre III

Le nationalisme économique

Les adeptes du nationalisme économique souhaitent que l'État exerce une action régulatrice des forces économiques privées. Par là ils se séparent de l'individualisme. Mais ils entendent que cette action vise à donner au pays le maximum de puissance plutôt qu'à réaliser entre les classes le maximum de justice. Par là ils se distinguent du socialisme. Le nationalisme économique a trouvé en Allemagne ses meilleurs théoriciens. Moins développé en France parce qu'il a moins d'affinités avec notre psychologie nationale, naturellement portée à l'universalisme et orientée vers les préoccupations sociales, le nationalisme économique a cependant trouvé chez nous depuis 1870 deux expressions intéressantes.

I. P. Cauwès et l'économie nationale

tdm

L'économie politique fut admise dans les Facultés de Droit comme matière sanctionnée par un examen en 1877 [140].

---

[140] Cf. H. HAUSER, *L'enseignement des sciences sociales*, Chevalier-Marescq, 1903.

Très peu de temps après, un professeur de la Faculté de Droit de Paris, Paul Cauwès, publiait son cours [141], et cette publication souleva un vif émoi parmi les économistes libéraux. Courcelle-Seneuil dans le Jour*nal des Économistes* [142], Baudrillart dans la *Revue des Deux-Mondes* [143] exécutèrent sans ménagement le jeune professeur qui osait répudier sur bien des points les principes de l'économie politique classique. « Nous n'insisterons pas, écrivait Courcelle-Seneuil, sur la critique d'un volume que nous trouvons mauvais parce qu'il n'apprend rien à ses lecteurs, sinon l'art de parler d'économie politique sans en savoir le premier mot... Notre devoir est de dire que loin d'enseigner l'économie politique à la Faculté de Droit de Paris, on y enseigne son contraire ; que cet enseignement, non seulement anti-économique, mais anti-scientifique, ne saurait donner aux jeunes gens que des notions fausses et des habitudes intellectuelles déplorables. » Malgré cette condamnation, l'ouvrage fit son chemin. Il eut plusieurs éditions, dont la dernière (en quatre volumes) parut en 1894. La grande révision douanière de 1892 s'inspira en une certaine mesure des idées de P. Cauwès, et les membres de

---

[141] Larose et Forcel, 2 vol., 1878-1879.
[142] Numéro de mai 1878.
[143] Numéro du 1er mai 1885.

la Société d'Économie Politique nationale, créée en 1897 [144], s'en firent les propagandistes. Puis l'ouvrage de P. Cauwès vieillit. La partie d'économie descriptive qu'il contenait, n'étant plus mise au courant des faits nouveaux après 1894, devenait très vite inutilisable. P. Cauwès continuait de professer à la Faculté de Paris, mais son enseignement oral, morne et aride, mettait mal en valeur ses théories. Il serait injuste cependant de ne pas reconnaître qu'à l'époque où il a été écrit, le Cours *d'Économie Politique* de P. Cauwès représenta un effort courageux, auquel on n'a pas toujours rendu l'hommage qu'il mérite.

1. La notion d'économie nationale. - P. Cauwès se refuse à accepter la conception courante de l'économie politique, science des richesses. Pour lui, l'économie politique n'est pas seulement une science qui observe et explique, elle est aussi un art, qui doit « servir au bien-être social » et ne prend pas comme fin l'accroissement indéfini des richesses, mais le bonheur des hommes. Jusqu'ici, P. Cauwès semble s'orienter vers l'économie sociale. Mais voici où l'analyse bifurque. Si

---

[144] Sous la présidence d'honneur de J. Méline et la présidence de P. Cauwès. Cf. son discours a la séance d'ouverture : *L'économie politique nationale*, Revue d'Économie Politique, 1898.

nous envisageons les phénomènes économiques d'un point de vue réaliste et humain, nous verrons qu'ils se déroulent dans un cadre constitué par les nations. D'où l'importance des études d'économie nationale. Prenant le contre-pied de Turgot, P. Cauwès pense qu'on ne comprend bien un problème économique qu'en l'examinant sous l'angle national. Et en même temps qu'un cadre d'étude, l'économie nationale est pour lui une manière de drapeau. P. Cauwès fait l'apologie du patriotisme, « immense force morale et précieuse garantie d'indépendance » ; ses sentiments à cet égard se ressentent manifestement du souvenir récent de la guerre de 70-71: « Jusqu'à la dure leçon de l'expérience, les économistes en France avaient eu le tort d'encourager l'illusion du cosmopolitisme... Peu d'années après, la maxime brutale « la force prime le droit » devait dissiper pour longtemps ces dangereuses illusions... Au point de vue politique comme au point de vue moral, la distinction des nationalités est la loi inéluctable du présent et vraisemblablement aussi celle de l'avenir... Il s'ensuit, quant aux intérêts économiques, que les principes applicables aux rapports entre nations ne doivent pas être établis tout comme si les frontières étaient effacées et l'État universel définitivement constitué. »

2. La richesse et le capital au point de vue de l'économie nationale. - L'introduction du point de vue national en économie politique va avoir comme première conséquence d'éclairer deux notions à contenu complexe qui ont été l'objet d'interminables discussions : celles de richesse et de capital.

Pour l'individu, dans une société fondée sur la division du travail, la richesse se mesure à la somme des « valeurs en échange » dont il est titulaire. Ce qui importe pour lui, ce sont les valeurs monétaires, indépendamment de la qualité ou de la nature des besoins qu'elles sont destinées à satisfaire, et l'accroissement des quantités peut ne pas signifier un accroissement de richesses, si les choses devenues plus abondantes perdent, du fait de cette abondance même, une partie de leur valeur. Du point de vue de l'économie nationale, le concept de richesse a un sens tout différent. La « valeur en échange » n'est l'élément dominant que pour cette partie de la vie économique nationale qui se traduit par des rapports avec l'étranger (importations ou exportations). Pour tout ce qui est de la vie intérieure de la nation, c'est la « valeur en usage » qui doit être prise comme critérium de la richesse. Dès lors, tout accroissement des quantités utiles est un enrichissement, même s'il entraîne une diminution des « valeurs en échange » et, à, l'inverse, toute diminution des quantités est un appauvrissement, même si elle entraîne un accroissement des valeurs en échange: la nation s'appauvrit si les sources d'eau potable qu'elle renferme se tarissent, bien que peut-être l'eau potable devenue plus rare ait une valeur en échange supérieure à celle qu'elle avait auparavant. De même, pour l'économie nationale, la nature des biens et des besoins qu'ils satisfont prend une importance primordiale: le fait pour un pays d'avoir sur son territoire de nombreuses fabriques d'absinthe prospères n'est pas un symptôme de richesse.

La notion de capital revêt, elle aussi, des sens différents suivant qu'on l'examine sous l'angle (le l'économie privée ou de l'économie nationale. En économie nationale, le capital, ce sont tous les produits inachevés et eux seulement. En économie privée, (les biens achevés peuvent constituer un capital s'ils sont pour les individus un moyen de profit : la montre que j'achète chez l'horloger est pour lui un capital. P. Cauwès attachait beaucoup de prix à cette distinction des deux notions de capital, et il soulignait qu'il l'avait faite antérieurement à celle des capitaux productifs et lucratifs, présentée par Ch. Gide en 1884.

3. Les fonctions économiques de l'État. - Quand il s'agit de déterminer le domaine des attributions légitimes de l'État, P. Cauwès se sépare tout naturellement des économistes individualistes. Il s'inspire des auteurs allemands pour réfuter les arguments traditionnels que l'on invoque contre l'étatisme. L'histoire, dit-il, montre que l'État a fait beaucoup de bien. C'est à lui qu'on doit la diffusion de l'instruction, la lutte contre la maladie et la mortalité. Si l'on compare la régie d'État et l'entreprise privée, pour une grande exploitation comme celle des chemins de fer, on se rend compte qu'il n'y a pas de raison pour que la régie d'État ne trouve pas les mêmes concours techniques que l'entreprise privée, laquelle, nécessairement, en raison de la nature et (les dimensions du service, constitue une administration véritable. Et P. Cauwès estime qu'il n'y a point d'inconvénient à ce que la puissance de l'État augmente par le développement de ses entreprises économiques, puisque l'État moderne est l'expression de la souveraineté populaire et le délégué de tous les citoyens. Aussi envisage-t-il pour l'État, outre les attributions essentielles d'ordre public et de conservation sociale, une série de fonctions qui feront de lui un actif agent du progrès social. À cet égard, l'action de l'État sera soit supplétive (ce qui veut dire qu'elle remplacera l'initiative privée là où celle-ci se montrera défaillante : par exemple, construction et réfection de l'outillage national), soit auxiliaire (alors elle donnera à l'initiative privée impulsion et encouragement, sous forme de subventions, de primes, etc.), soit enfin tutélaire (elle se traduira en ce cas par la surveillance de certaines professions et de certains contrats pour empêcher l'exploitation des consommateurs ou des ouvriers). Il n'y a point lieu d'ailleurs de dresser une liste fixe des attributions de l'État, qui varieront naturellement suivant les époques et suivant les pays. P. Cauwès se montre ici relativiste comme l'était son maître List. Il formule toutefois cette proposition générale, qu'à mesure que la civilisation augmente, le domaine de l'État s'élargit, sans que cet élargissement se fasse aux dépens de l'initiative et de l'activité privée. Entre l'État et l'individu il n'y a pas antagonisme, mais coopération. Les forces individuelles se développent d'autant mieux que l'État leur fournit un cadre et une impulsion qui viennent multiplier leur puissance d'expansion.

4. Le régime douanier. - À l'encontre de la plupart des économistes, P. Cauwès se prononce contre le libreéchange. Et l'attitude qu'il prend sur ce point est l'aboutissant et le couronnement de sa conception générale d'une économie nationale relativiste et réaliste. P. Cauwès pose le problème comme naguère F. List. La nation n'a pas seulement à s'enrichir, mais à vivre et à progresser. A cette fin, elle doit s'attacher à développer ses forces productives bien plutôt qu'à obtenir le plus grand profit commercial. Elle sera par suite amenée à élever à ses frontières des barrières douanières dans quatre cas :

1. À titre de tutelle temporaire, pour permettre à ses industries naissantes de se développer.

2. À titre de sauvegarde nationale, pour donner au pays une agriculture, une métallurgie, une marine qui suffisent à ses besoins et ne le mettent pas, en cas de guerre, à la merci des puissances étrangères.

3. À titre de stimulant pour les autres branches de production, qui ont intérêt à ce que leurs voisines soient protégées et prospères. P. Cauwès rejoignait ici encore les thèses de F. List sur la supériorité de l'État économique complexe, et il insistait sur le profit que les agriculteurs

tireraient de l'existence d'une industrie puissante et active, qui absorbera pour ses approvisionnements les produits agricoles les plus variés et permettra à la terre de ne pas se cantonner dans le domaine des denrées alimentaires.

4. À titre de défense contre les grands monopoles industriels qui visent à la conquête du monde, produisent sans souci des besoins, n'hésitent pas à vendre au-dessous du prix de revient pour écraser la concurrence étrangère, et font subir au marché des variations et des perturbations dont souffrent consommateurs et ouvriers. Pour ce qui est plus spécialement des consommateurs, P. Cauwès s'efforce de montrer que la protection ne se traduit pas nécessairement par des prix de vente plus élevés. Mais il sent bien sans doute que sa démonstration n'est pas très convaincante, et il finit par (lire que, même si la protection oblige les consommateurs à un sacrifice, ils doivent le supporter dans l'intérêt national, de la même manière qu'ils supportent les impôts [145].

---

[145] P. Cauwès a eu peu de disciples. Signalons comme directement inspiré de ses idées l'ouvrage de Y. Le Trocquer : *De la politique économique, administrative et* financière à suivre en matière de travaux publics, Thèse Paris, 1914.

II. Georges Valois
et le syndicalisme intégral

tdm

Georges Valois est parti de l'anarchie pour aboutir à l' « Action Française ». De cette évolution, dont l'auteur a retracé les phases dans son autobiographie : *D'un siècle à l'autre* [146], nous n'avons à retenir ici que les aspects économiques. A cet égard, une mention doit être accordée à l'œuvre de transition publiée par G. Valois en 1906 sous le titre *L'Homme qui vient* [147]. Déjà brouillé à cette époque avec les anarchistes, G. Valois demeure encore un individualiste. Quand il dresse le tableau des origines de la civilisation, il explique que celle-ci est née de l'inégalité et que les individus les plus audacieux et les plus forts, en s'élevant au-

---

[146] Nouvelle Librairie nationale, 1921.

[147] Nouvelle Librairie nationale, 1906.

dessus de la masse et en la dominant, ont travaillé pour le bonheur même de celle-ci. Analysant le mécanisme de la société actuelle, G. Valois fait l'apologie du chef d'entreprise et du capitaliste qui, en organisant la production et en accumulant les réserves, rendent possible l'accroissement des ressources de la société tout entière. Pourtant, déjà dans cet ouvrage, G. Valois se sépare sur quelques points importants de la tradition individualiste. Sa philosophie de l'histoire et du monde est radicalement pessimiste et l'amène à penser qu'il n'y a pas de société viable sans contrainte. D'autre part, G. Valois proclame que la guerre reste la loi des relations entre nations, et il ajoute que c'est là, vu « l'état présent de la foi dans le monde », une nécessité heureuse, car la virtualité de la guerre est un stimulant qui empêche les nations « de se reposer dans la jouissance des richesses acquises » et qui sélectionne les nations les plus fortes.

Les mêmes idées vont se retrouver dans les œuvres d'après-guerre de G. Valois [148], mais avec un dosage différent qui fait décidément passer à l'arrière-plan l'individualisme et en première ligne le nationalisme. G. Valois ne dissimule pas que toute sa doctrine s'accroche à un « parti-pris

---

[148] Cf. La Réforme *économique et* sociale, N.L.N., 1917, et surtout *L'Économie nouvelle*, N.L.N., 1919 ; *La Révolution nationale*. N.L.N., 1924.

français » qui repose sur des raisons extra -scientifiques. La France est « le plus beau royaume qui soit sous le ciel ». Au lendemain d'une guerre victorieuse, elle peut et doit reprendre dans le monde le rôle d'agent de la civilisation qu'elle a joué jadis, mais il faut pour cela que l'économie française soit organisée et portée au maximum de cohésion et de perfection dont elle est capable. Or la France doit présentement faire face à un problème économique redoutable ; il lui faut suppléer au million et demi d'hommes dont la perte a été la rançon de la victoire. Pas d'autre moyen d'y arriver que d'organiser la production, pour tirer des moyens réduits dont nous disposons le rendement maximum.

Le problème étant ainsi posé, G. Valois écarte délibérément les solutions libérales et socialistes, et la critique qu'il en fait n'est pas la partie la moins neuve de ses récents ouvrages. Cette critique se déroule sur un plan philosophique plus qu'économique. Au libéralisme, G. Valois reproche de reposer sur une vue trop optimiste de la psychologie humaine, de croire que l'individu n'a pas besoin, ou qu'il a de moins en moins besoin, d'être soutenu, encadré, contraint par les institutions, ce qui amène à considérer l'État comme un organe artificiel, superposé à l'économie, et dont la disparition est souhaitable et possible.

Une telle doctrine est propre « à faire craquer tout édifice social ». Quant au socialisme, sa philosophie n'est au fond que le simple prolongement de la philosophie libérale. « Le socialisme théorique sort de l'économie libérale comme le fruit sort de la fleur. » G. Valois considère individualisme et socialisme comme deux rameaux issus d'un même tronc optimiste et rationaliste, en face duquel il dresse la philosophie réaliste et pessimiste de la contrainte.

Quel système d'organisation économique cette philosophie de la contrainte va-t-elle engendrer ? G. Valois proclame tout de suite la nécessité de l'action collective qui limitera et dominera les activités individuelles ; il s'écarte donc immédiatement de l'individualisme libéral. Mais cette action collective, il entend qu'elle rie s'exerce pas, comme le veulent les socialistes, dans le cadre de classes opposées et antagonistes. « Il est faux que dans l'économie il y ait des classes. Ce qui existe, ce qui est réel, ce qui vit, ce sont des groupes de producteurs. » Précisons la distinction que l'auteur fait entre les classes et les groupes. Pour lui, on appartient d'abord à son pays, ensuite à sa région, ensuite à sa profession et ensuite seulement à la catégorie économique des patrons, ou des ouvriers, ou des techniciens. Et le groupement des individus doit se réaliser en formations superposées, qui remontent dans l'ordre inverse les degrés successifs de la hiérarchie que nous venons de descendre. Les ouvriers, ou les techniciens, ou les patrons d'une profession donnée formeront ainsi les cellules de base. Au-dessus d'elles, un conseil de la profession comprenant des délégués des trois catégories économiques constituera le premier étage de l'édifice. Au deuxième étage seront les fédérations régionales, réunissant les délégués des conseils de toutes les professions d'une région, et les fédérations nationales, réunissant pour tout l'ensemble du pays les conseils d'une profession. Au sommet siégera un conseil économique national. On saisit ais& ment la différence entre l'organisation projetée par G. Valois et celle qui existe aujourd'hui. Nous avons actuellement des syndicats, des fédérations régionales et professionnelles, des confédérations générales ; mais aux divers étages ces groupements ne renferment qu'une catégorie économique, celle des ouvriers ou celle des patrons, si bien que plus ce syndicalisme se développe, plus s'avive la lutte des classes. G. Valois pense qu'au contraire les antagonismes d'intérêts entre patrons et ouvriers s'effaceraient devant l'intérêt commun qu'ils ont à ce que la production soit intensifiée et le progrès technique porté au maximum si, dès le premier étage de l'édifice syndicaliste, patrons et ouvriers étaient réunis dans les mêmes groupements [149].

Dans un schéma qui rappelle le célèbre tableau économique de Quesnay, G. Valois décrit le jeu des forces économiques sous trois régimes comparés : celui de la libre concurrence - le régime d'hier -, celui du syndicalisme unilatéral - le régime d'aujourd'hui -, celui du syndicalisme intégral ou de la contrainte mutuelle - le régime de demain.

Lorsque règne la libre concurrence, la force initiale qui déclanche le mécanisme, c'est la pression des consommateurs qui veulent les bar, prix. Exercée par les consommateurs sur le commerce, cette pression est transmise par le commerce à l'industrie. L'industriel la rejette à son tour sur les ouvriers sous forme d'avilissement des salaires et d'accroissement de la durée du travail. Le résultat final, c'est la misère pour les ouvriers, et comme les industriels ne réalisent eux-mêmes que de très maigres bénéfices, insuffisants pour amortir et renouveler leur outillage, c'est aussi la stagnation de la production, l'arrêt du progrès technique.

---

[149] Les Semaines du blé, du vin, de la monnaie, du commerce extérieur, etc., organisées dans l'après-guerre sont, en une certaine mesure, la réalisation des idées de G. Valois ; mais il a échoué à peu près complètement lorsqu'il a tenté d'amener les ouvriers à sa conception du syndicalisme national, ce qui semble montrer que le sentiment de classe a plus de réalité et de consistance que G. Valois ne le croit.

Sous le règne du syndicalisme unilatéral, à l'instigation des ouvriers organisés pour la lutte, une pression s'exerce sur les patrons en vue du relèvement des salaires. Les patrons cèdent à cette pression et la compensent par un relèvement des prix de vente, qui se transmet de l'industrie au commerce, puis au consommateur, et qui détermine celui-ci à demander de nouvelles majorations de salaires pour faire face à la hausse du coût de la vie. Ces majorations sont elles-mêmes l'origine de hausses des prix nouvelles. Nous tournons dans un cercle sans issue.

Pour sortir de ce cercle, il faut arriver au régime du syndicalisme intégral. Ici comme tout à l'heure, il y a pression du consommateur sur la production en vue d'une baisse des prix de vente. La production essaie de réduire les salaires, mais elle se heurte à la résistance des ouvriers collectivement organisés ; elle essaie d'exploiter l'État en sollicitant de lui l'établissement de barrières douanières ou l'octroi de primes. Mais si l'État est fort et indépendant, ces demandes sont repoussées. Elle essaie de faire pression sur le commerce par un abaissement des qualités des produits, mais le commerce, lui aussi organisé, résiste à cette pression. Il ne reste plus alors qu'une issue, c'est la voie du progrès technique. Contrainte de s'y engager, l'industrie entraîne la main-d'œuvre, à laquelle elle demande une plus grande habileté professionnelle, et le commerce, de qui elle exige une plus grande activité. Et les bas prix peuvent alors coexister avec les hauts salaires et les gros profits.

On pourrait rapprocher des idées de G. Valois les tentatives faites, pendant la guerre et dans l'après-guerre, par divers auteurs qui se placent aussi sur le plan de l'économie nationale ; par exemple, les écrits de Lysis [150], de Probus [151], de Victor Cambon [152], d'Ed. Amanieux [153]. Les vivantes études de Henri Hauser sur *La nouvelle orientation économique* [154] se rattachent à la même tendance, encore que H. Hauser, historien prudent et sceptique, se défende d'édifier une doctrine. Tous ces auteurs prennent comme fin la plus grande puissance nationale et font une large place parmi les moyens à l'action collective. Mais chez G. Valois seul on trouve cette philosophie de la contrainte qui le conduit à associer ses vues économiques à une profession de foi monarchique et catholique [155]. Par là G. Valois est

---

[150] *Vers la démocratie nouvelle*, Payot, 1917 ; *Pour renaître*, Payot, 1918 ; *L'erreur française*, Payot, 1918.

[151] *La constitution syndicale de la France*, Grasset, 1919 ; *Rénovation*, Grasset, 1919.

[152] *Notre avenir*, Payot, 1918 ; *Où allons-nous ?* Payot, 1918.

[153] *L'armature sociale*, Albin Michel, 1919.

[154] Alcan, 1924 ; cf. du même auteur : *Propos d'un ignorant sur l'économie nationale*, Nathan, 1923.

[155] Cf. son livre, *La monarchie et la classe ouvrière*, N.L.N., nouvelle édition, 1914 ; reproduit partiellement dans *Histoire et Philosophie sociales*, N.L.N., 1924.

quelque chose de, plus qu'un théoricien de l'économie nationale; il est aussi l'interprète le plus représentatif que nous ayons en France, à l'heure actuelle, du traditionalisme social.

Conclusion

Parmi les multiples doctrines que nous avons exposées, en existe-t-il une qui donne de la réalité économique contemporaine une image fidèle ? Il convient sans doute de répondre à cette question par la négative.

L'individualisme,, s'il décrit d'une façon pénétrante le mécanisme de la fixation des valeurs en régime de concurrence, n'accorde pas une attention suffisante aux obstacles de toutes sortes que rencontre dans nos sociétés modernes le fonctionnement de ce mécanisme et croit trop facilement que Je jeu naturel des lois économiques donne des résultats conformes à l'équité. Le socialisme, s'il retrace avec force l'évolution du capitalisme, s'exagère la généralité du mouvement de concentration comme aussi l'imminence des catastrophes économiques et sociales. Quant aux doctrines intermédiaires, lorsqu'elles croient par un programme de réformes résoudre la question sociale, elles oublient que les réformes, loin d'apaiser la lutte des classes, ont souvent connue effet, en développant les loisirs et la personnalité des ouvriers, d'accentuer l'âpreté de leurs revendications.

Ce désaccord entre la réalité et les doctrines n'a rien d'ailleurs de surprenant. C'est à la science et non aux doctrines qu'il faut demander de nous fournir une photographie exacte et une interprétation correcte du réel. Science et doctrine ont des fins différentes. L'une constate et explique ; l'autre juge et prescrit. La première ne se soucie que de comprendre ; la seconde veut aboutir à l'action. Sans doute l'action a chance d'être d'autant plus efficace qu'elle s'appuiera sur une connaissance plus exacte du milieu où elle se produit. Mais l'observation et la science conduisent à des vues complexes et nuancées. La doctrine a besoin de lignes simples et de partis-pris tranchés. Elle n'emprunte à l'analyse scientifique que ce qui confirme ces lignes simples et renforce ces partis-pris. Cela ne veut pas dire que la doctrine ne porte pas la marque du milieu économique dans lequel elle évolue. Nous avons montré à diverses reprises, au cours de cet ouvrage, que les doctrines contemporaines ont été influencées dans leur technique par les transformations économiques modernes, Mais chaque doctrine ne retient, parmi les faits d'une époque, que ceux qui fournissent des arguments ou des thèmes favorables aux fins qu'elle poursuit et refuse de voir les autres ou de leur accorder l'importance qu'ils méritent.

Mais on aurait tort de croire qu'on s'est débarrassé d'une doctrine quand on a montré que sur tel et tel point elle est en contradiction avec la science et la réalité économiques [156]. Pour comprendre pleinement une doctrine et évaluer ses chances de succès, il faut mettre au jour les désirs, les croyances, la volonté d'action qui en forment l'infrastructure et mesurer leur intensité et leur durabilité. Pour une part, ces désirs, ces croyances, cette volonté s'expliquent par les intérêts qui se dissimulent derrière le revêtement doctrinal.

L'individualisme traduisit naguère les aspirations de ceux qui avaient intérêt à ce que l'essor du capitalisme se fît librement. Il se dressait alors contre le traditionalisme et le conservatisme des privilégiés, des « gens en place ». Il exprimait une volonté de mouvement et de progrès. Il agissait dans le sens de l'évolution qu'il tâchait d'accélérer. Après qu'il eut remporté la victoire, et du fait de cette victoire même, son esprit a changé. Comme le développement moderne de la législation ouvrière et de l'étatisme économique gêne et menace les intérêts des

---

[156] Comme le disait L. Durkheim dans ses belles leçons sur l'histoire du socialisme professées à la Faculté des Lettres de Bordeaux et publiées par la Revue de Métaphysique et de Morale en 1921 : « Étudier le socialisme... comme un corps de théories scientifiques et le discuter doctrinalement, c'est le voir et le montrer par le côté où il ne présente qu'un médiocre intérêt... Le socialisme n'est pas une science... c'est un cri de douleur et parfois de colère. L'individualisme, comme le socialisme, est avant tout une passion qui s'affirme. »

capitalistes et des chefs d'entreprises, la doctrine individualiste s'emploie à y résister. Elle est devenue une doctrine de conservation. Elle est tournée vers le passé qu'elle regrette ; elle voudrait arrêter une évolution qui lui est contraire [157]. En face d'elle, l'interventionnisme et le socialisme expriment les intérêts des masses populaires qui croient avoir plus à gagner qu'à perdre à la pénétration de l'État dans la vie économique. Et ce courant interventionniste et socialiste devient de plus en plus puissant, parce que les intérêts qui l'alimentent prennent une force politique et sociale croissante à mesure que la démocratie se développe et que, les masses usent davantage de l'action collective.

Il ne faudrait pas toutefois, par une interprétation étroitement matérialiste de l'histoire, ramener l'explication des doctrines au seul jeu des intérêts qu'elles recouvrent. Le conflit des doctrines n'est si âpre que parce qu'à côté des intérêts, qui transigeraient peut-être, se trouvent des éléments psychologiques et philosophiques qui demeurent inconciliables.

---

[157] Cela a été bien vu par Ch. Brouilhet, *La conflit des doctrines dans l'économie politique contemporaine*, Alcan, 1910.

Les individus ont des tempéraments différents. Les uns sont avant tout désireux d'indépendance, et les autres épris de justice. Les premiers vont naturellement à l'individualisme, les seconds au socialisme. C'est parce qu'en France les deux tendances sont représentées d'une manière très accusée que le conflit des doctrines s'y développe avec violence. C'est parce que souvent elles coexistent dans le même individu, que des. systèmes (le conciliation tels que le socialisme libéral ou l'individualisme social essaient de donner égale satisfaction à l'une et à l'autre - systèmes séduisants, mais fragiles parce qu'ils accouplent des éléments qui sont contradictoires.

Enfin, toute doctrine, consciemment ou non, implique une attitude philosophique. A. Schatz décrivait naguère l'opposition de l'individualisme et du socialisme comme le heurt d'une philosophie réaliste et prudente et d'une philosophie rationaliste et utopiste. À l'encontre de cette interprétation, on pouvait faire remarquer que la philosophie individualiste, historiquement, a été souvent liée au rationalisme, et qu'elle est en un sens d'un optimisme aussi aventureux que la philosophie socialiste, puisqu'elle croit à la convergence spontanée des intérêts individuels vers l'harmonie sociale. Comme l'ont montré R.

Gonnard [158] et G. Valois [159], le véritable conflit est plutôt entre le traditionalisme et le socialisme [160] . Le traditionalisme repose sur une philosophie essentiellement pessimiste qui affirme la nécessité de la contrainte; le socialisme, sur une philosophie optimiste qui a confiance en la valeur organisatrice de la raison humaine. Sans doute, si l'on se référait à la psychologie de leurs protagonistes, des ressemblances inattendues pourraient être notées entre théoriciens des doctrines opposées. Les analyses de Gustave Le Bon [161] et d'Ed. Dolléans [162], les travaux savants et originaux d'E. Seillière [163] ont montré ce qu'il y a de mysticisme - Ed. Dolléans dit même de religion - dans toute doctrine socialiste, et l'on a pu instituer un suggestif parallèle entre l'impérialisme national et l'impérialisme ouvrier. L'opposition reste pourtant irréductible entre le traditionalisme et le socialisme, parce que ces dispositions

---

[158] *Individualisme, socialisme, traditionalisme*, Revue d'Économie politique, 1913.

[159] Deux théologies, Revue Universelle, 15 septembre 1924.

[160] Si l'on s'en tient à la technique des doctrines et aux programmes d'action qu'elles formulent, individualisme et socialisme sont bien des solutions antithétiques : l'une prêche l'abstention complète de l'État dans la lutte économique, l'autre la réorganisation totale de la production et de la répartition par les pouvoirs publics. Et *les* doctrines étudiées au livre III méritent le qualificatif d' « intermédiaires » que, pour nous conformer à l'usage, nous leur avons donné, puisque, si différentes qu'elles soient les unes des autres, elles aboutissent toute, à une attitude pratique intermédiaire entre le statu quo et la révolution, entre la propriété privée et la propriété sociale. Mais si l'on va chercher derrière la technique, la mystique, derrière le programme, l'esprit, derrière l'économie, la philosophie, le classement des doctrines s'établit comme nous l'indiquons au texte.

[161] *Psychologie du socialisme*, Alcan 1898.

[162] *Le caractère religieux du socialisme*, Revue d'Économie politique, 1906.

[163] Cf. F. Gillouin, *Une nouvelle philosophie de l'histoire moderne et française*, Grasset, 1921.

psychologiques identiques sont au service de philosophies différentes, et le conflit n'est sans doute pas près de s'éteindre, s'il est vrai que les deux philosophies antagonistes ont des racines très profondes dans l'histoire et dans l'âme françaises, qu'il y a chez nous, comme le disait P. Bureau, des « enfants de la tradition » et des « enfants de l'esprit nouveau » [164], et que la France est à la fois, pour les uns « la fille aînée de l'Église » et pour les autres, « la mère de l'humanisme intégral » [165].

---

[164] P. BUREAU, *La crise morale des temps nouveaux,* Bloud, 1907 ; Cf. P. Seippel, *Les deux France,* Payot, 1905 ; G. Riou, *Aux écoutes de la France qui vient,* Grasset, 1913.

[165] Cf. G. Guy-Grand, *L'esprit démocratique doit-il mourir ?* Revue bleue, 7 et 21 juin 1924.

Bibliographie sommaire

Béchaux (A.), *Les écoles économiques au XXe siècle*. I. L'école économique française. II. L'école individualiste. Le socialisme d'État. III. Les écoles socialistes. Rousseau et Alcan, 1902-1907-1912.

Bourgin (H.), *Les systèmes socialistes,* Doin, 1923.

Brouilhet (Ch.), *Le conflit des doctrines dans l'économie politique contemporaine,* Alcan, 1910.

Feilbogen, *L'évolution des idées économiques et sociales en France depuis 1870,* Revue d'Histoire des doctrines économiques, 1910.

Gide (Charles) et Rist (Ch.), *Histoire des doctrines économiques,* Tenin, 4e édition, 1922.

Gonnard (R.), *Histoire des doctrines économiques*. Tome III, Nouvelle Librairie Nationale, 1922.

Levasseur (E.), *Questions ouvrières et industrielles sous la troisième république,* Rousseau, 1907, chap. VII.

Paul-Louis, *Histoire du socialisme en France depuis la Révolution jusqu'à nos jours,* Rivière, 1925.

Waha (*R.* de), *Die Nationalökonomie in Frankreich,* F. Enke, Stuttgart, 1910.

Weill (G.), *Histoire du mouvement social en France (1852-1924),* 3e édition, Alcan, 1924.